BIBLIOTECA UNIVERSALE RIZZOLI

FEDERIGO TOZZI nella BUR

CON GLI OCCHI CHIUSI
Nota critica di Luigi Pirandello

GIOVANI E ALTRE NOVELLE
A cura di Romano Luperini

IL PODERE
Introduzione di Marcello Ciccuto

TRE CROCI
Introduzione di Carlo Cassola

Federigo Tozzi

TRE CROCI

introduzione di CARLO CASSOLA

Biblioteca Universale Rizzoli

Proprietà letteraria riservata
© 1979, 1996 R.C.S. Libri & Grandi Opere S.p.A., Milano
ISBN 88-17-15237-4

prima edizione BUR: giugno 1979
prima edizione BUR Superclassici: gennaio 1996

INTRODUZIONE

Sono soprattutto due i romanzi importanti di Federigo Tozzi: Con gli occhi chiusi *e* Tre croci. *I letterati preferiscono il primo; la gente comune il secondo. Il primo romanzo non diventerà mai popolare; il secondo lo diventerà, quanto meno ha i numeri per diventarlo.*

La gente comune ama i romanzi, e Tre croci *è più romanzo di* Con gli occhi chiusi. Con gli occhi chiusi *è più poetico, ma meno epico dell'altro.*

A questo punto mi accorgo che è necessaria una spiegazione generalissima: in che consiste la differenza tra le due fondamentali espressioni letterarie, la lirica e l'epica? Uso apposta la parola epica, benché ai nostri tempi la sola forma dell'epica sia la narrativa, perché nessuno possa cavarsela dicendo che la prima è in versi e la seconda in prosa.

Certo che il romanzo è in prosa; ma il poema epico, che lo ha preceduto nel tempo, assolvendo la stessa funzione? La Commedia, *tanto per fare un solo esempio, è in versi, eppure non ha niente a che vedere col* Canzoniere *del Petrarca, e con la stessa poesia amorosa di Dante. Quest'ultima appartiene al genere lirico, mentre la* Commedia *all'epico.*

Allora, qual è la differenza? Che il poeta lirico parla di sé, mentre il poeta epico parla degli altri. Bisogna però che

I

questi altri non siano proiezioni dell'autore, come accadde per parecchio tempo allo stesso Tozzi.

Difendendo Con gli occhi chiusi, egli parlava di un «concetto lirico della prosa», al quale si sarebbe ispirato. Pochi anni dopo l'ideale letterario per lui s'era capovolto: Tozzi ambiva a scrivere un vero romanzo, in cui fossero in scena gli altri; un romanzo sociale, insomma.

A qualcuno potrà sembrare che Tozzi abbia fatto come i gamberi. Aveva esordito come romanziere sperimentale, cercando di aprirsi la strada verso quel concetto lirico della prosa che gli stava a cuore; ed eccolo ripiegare su un modulo stantio quale il romanzo naturalista! Nella prima fase del suo lavoro ci aveva dato un romanzo esistenzialista con trent'anni di anticipo, Ricordi di un impiegato; e un capolavoro, Con gli occhi chiusi. Ed eccolo contentarsi di un modulo romanzesco collaudato, che escludeva la ricerca personale, la sperimentazione.

La carriera di un autore è fatta di questi andirivieni. A volte un autore può dar l'impressione di tornare indietro; ma non è detto che anche allora non vada avanti. Tornava indietro Lawrence quando scriveva il suo secondo romanzo, The Trespasser, con un contenuto meno personale e una struttura più conforme alla tradizione del precedente, The White Peacock? Qualcuno lo pensò, e non era l'ultimo venuto, Ford Madox Ford: il quale aveva avuto il grande merito di intuire subito la grandezza di Lawrence. In quell'occasione però sbagliava: Lawrence stava facendosi le ossa per scrivere il capolavoro, che fu il suo terzo romanzo, Sons and Lovers. Che è anch'esso, in apparenza, ma solo in apparenza, un romanzo tradizionale.

Un romanziere può addirittura cimentarsi in un genere che

II

a prima vista gli sembri ostico. Può invogliarlo a scrivere un romanzo proprio la difficoltà dell'impresa, l'iniziale estraneità dell'assunto. Il pericolo, per uno scrittore, è sempre quello di chiudersi in un bozzolo, di restare prigioniero di una formula. Il pericolo era particolarmente grave per Tozzi: se voleva diventare un vero romanziere, doveva liberarsi del prepotente autobiografismo; non a un concetto lirico della prosa si sarebbe dovuto ispirare, ma al suo contrario, a un concetto niente affatto lirico, distaccato, oggettivo, della narrativa.

Il quinto romanzo di Tozzi, che fu anche l'ultimo, Gli egoisti, è piuttosto un romanzo esistenzialista come i primi due. Ma è impossibile inferirne che Tozzi sarebbe tornato stabilmente ai primi amori. Se fosse vissuto, è probabile che avrebbe continuato a battere tutt'e due le strade: quella del romanzo esistenzialista e quella del romanzo sociale.

Si può dire che l'Ottocento abbia battuto solo la seconda: di qui il grande favore accordato ai suoi romanzi. Il Novecento le ha battute entrambe: il romanzo esistenzialista è penetrato in ambienti ristretti, il grosso pubblico s'è mantenuto fedele al romanzo sociale.

Il romanziere esistenzialista è completamente preso dai suoi problemi esistenziali; non è ancora un vero romanziere, insomma. Mette in scena solo personaggi autobiografici; o i loro antagonisti, che non sono ancora gli altri.

L'antagonista, infatti, è legato all'autore da una specie di amore-odio. L'autore lo disprezza e insieme lo ammira. Lo contrappone a sé; a momenti vorrebbe essere come lui.

Chi è l'antagonista? Un uomo comune; un inconsapevole. Uno che possiede il segreto di vivere, dato che la vita non sembra porgli problemi.

Nei romanzi di Tozzi, anche in quelli del Tozzi che ambisce ad essere un romanziere sociale, il personaggio autobiografico non manca mai. Si chiama Leopoldo Gradi in Ricordi di un impiegato, Pietro Rosi in Con gli occhi chiusi, Remigio Selmi ne Il podere, Giulio Gambi in Tre croci, Dario Gavinai ne Gli egoisti. L'antagonista conosce una sola raffigurazione a tutto tondo: Domenico Rosi, padre di Pietro, in Con gli occhi chiusi.

Ciò che dovette invogliare Tozzi a scrivere Tre croci è proprio l'estraneità della materia, il fatto di poter disporre per la prima volta di un tema che non aveva a che fare con lui. Che avevano a che fare con lui i tre fratelli Torrini, vecchi librai di Siena, morti tragicamente e prematuramente dopo aver conosciuto la vergogna delle firme falsificate e della bancarotta?

Tozzi non era un commerciante. Certo, aveva respirato quell'aria in famiglia: il padre era padrone della più rinomata trattoria della città. Ma egli non ne aveva seguito la strada: viveva con l'eredità paterna; in futuro sperava di poter vivere coi proventi dell'attività letteraria.

La morale dei commercianti gli era perciò estranea; ma anche lui aveva sentito Siena come una città nemica. Poteva dunque entrare nei panni di Niccolò, che si rivolge ai suoi concittadini con aria di sfida.

Ci entrò anche troppo, in quei panni: non solo nei panni di Niccolò, anche nei panni di Giulio. Giulio continua infatti la serie dei personaggi autobiografici, un po' troppo esangui per essere credibili: si sa che lo scrittore aveva ereditato dal padre la forza erculea, il temperamento sanguigno e la sensualità. Il personaggio di Niccolò gli offriva finalmente l'occasione di darci un ritratto più veritiero di se stesso. Niccolò è sì un accidioso, *ma* è anche dotato di un robusto appetito vitale: è a mezza strada, insomma, tra il vecchio personaggio autobiografico e l'antagonista.

Se i fratelli fossero stati solo due, Tozzi non sarebbe uscito da se stesso: con Giulio avrebbe continuato a darci il vecchio stereotipo, con Niccolò sarebbe andato più vicino al vero: ma si sarebbe sempre trattato di una verità personale. Fortunatamente c'era anche un terzo fratello, Enrico. In Enrico, Tozzi non poteva vedere né un altro se stesso, né un antagonista. Enrico è solo stupido e bestiale: lo disprezzano anche i fratelli. Da principio ha poca parte: capita in libreria di rado, perché lavora altrove, come legatore di libri. Si direbbe che quelle capatine di Enrico abbiano solo la funzione di ricordarci che c'è anche lui. Il motivo che lo spinge dai fratelli non è l'affetto per l'uno o per l'altro o per tutti e due; è solo il bisogno di farsi dare i soldi per andare a comprare qualche leccornia.

I tre sono affratellati dalla golosità: la sola cosa che abbiano in comune. Ora la golosità è spiegabilissima nel bestiale Enrico: il quale così commenta la notizia che le firme false sono state scoperte e che per tutti loro è il disonore: «Il peggio sarà che non potremo mangiare come abbiamo fatto fino ad ora!»

La golosità è spiegabile anche in Niccolò: il quale è un uomo dai gagliardi appetiti. Soddisfa inoltre il suo bisogno di rivalsa sulla città che sta per venire a conoscenza del loro vergognoso segreto. «Niccolò non si leva di cappello a nessuno!» dice parlando di se stesso al fratello Giulio; e potrebbe essere il suo motto.

Meno spiegabile è la golosità in Giulio. Come si concilia quell'abbietta passione materiale con la finezza dei modi e la gentilezza d'animo del personaggio? Gli si addirebbe maggiormente una passione amorosa infelice (Giulio è proprio il tipo dell'innamorato timido).

Tozzi non ci ha parlato della vita sentimentale di Giulio come ha lasciato in ombra altri aspetti della vicenda. Niccolò ha moglie, ma gli altri due come se la cavano con le donne? Vanno al casino? Certo che il mite Giulio ne sarebbe stato un singolare cliente.

Sono lasciati in ombra anche i suoi rapporti con Niccolò. Niccolò gli vuol bene; soffre al pensiero che vuol prendersi tutta la colpa; c'è anche qualche scena commovente tra i due: ma non si può dire che Tozzi abbia esplorato a fondo i loro rapporti.

Egli ha scritto Tre croci in sedici giorni, e non voleva lasciarsi distrarre dal compito che s'era inizialmente prefisso, riferire la drammatica vicenda dei tre fratelli librai: tendeva perciò a espungerne tutto quello che lo poteva far approdare a un'altra dimensione narrativa.

Niccolò è collerico: ne hanno tutti paura. Nello stesso tempo attrae irresistibilmente chiunque lo avvicini. La sua allegria è contagiosa. In casa e nel negozio è Niccolò a tenere allegra la compagnia. Lo dice lui stesso alla moglie poco prima di morire: «Modesta, che pensi quando io non rido più? È vero che, allora, la casa pare morta? Quando rido, io la scuoto tutta e anche voi state meglio.»

Niccolò dice anche: «Io ho fortuna!» La ditta è fallita, ma lui se l'è cavata al processo e ha trovato subito un posto che gli permette di guadagnarsi la vita. Dei due fratelli che gli creavano problemi, se n'è sbarazzato: Giulio a cui voleva bene s'è ucciso, Enrico per cui non sente niente lo ha scacciato.

Niccolò muore alla fine del quattordicesimo e penultimo capitolo. Tozzi doveva far morire anche Enrico. Può darsi si occupasse malvolentieri di quest'ultimo fratello, che gli era estraneo. Scrisse il quindicesimo capitolo in fretta, tanto che ci dovette tornar sopra, per aggiunte brevi ma indispensabili. Era la fretta dello scrittore che anela di giungere alla fine della sua fatica, o il fastidio di chi doveva trattare una materia ormai completamente estranea?

Sia come sia, l'ultimo capitolo è il più bello del romanzo, e un capolavoro in senso assoluto: sta alla pari col finale dei Malavoglia. Si può dire che è solo in quest'ultimo capitolo che Tozzi si libera di quell'autobiografismo che gli aveva impedito di prendere le distanze dai personaggi, di vederli col necessario distacco. In altre parole, che gli aveva impedito di uscire da sé, cioè di uscire dall'ambito del romanzo esistenzialista per cimentarsi nel romanzo sociale.

La lettura di Tre croci lascia una curiosa impressione: fin quasi da ultimo siamo a ridosso dei personaggi: manca quel distacco che permise a Verga di guardare con pietà ai casi di Nedda e di Mazzarò, dei Malavoglia e di Mastro-don Gesualdo. Ma ecco anche Tozzi pervenire al distacco, con Enrico; commuoversi e commuoverci nel raccontare la sua miseranda fine (giacché la partecipazione non esclude il distacco, anzi, lo esige).

La parabola di Tozzi è simile a quella del Verga: con la differenza, a favore del siciliano, che quella del senese non s'è potuta svolgere per intero. Tutt'e due, fra i trenta e i quarant'anni, si sono liberati dell'autobiografismo giovanile, diventando romanzieri sociali. Senonché in Verga, vissuto fino a ottantadue anni, sopravvissuto addirittura a se stesso, il romanziere sociale ha potuto dar tutti i suoi frutti, da Nedda, comparsa nel *1874*, a Mastro-don Gesualdo, *uscito nel 1889*; Tozzi romanziere sociale ha all'attivo solo il personaggio di Enrico in Tre croci *(scritto nel 1918, ma uscito solo nel 1920, lo stesso giorno della morte di Tozzi)*.

Nei due maggiori romanzi e nelle due maggiori raccolte di novelle, Verga ci ha parlato degli altri: guardandoli sempre con spirito di solidarietà umana, con pietà. Si può dire che in queste opere Verga abbia messo a frutto l'insegnamento leopardiano: là dove il poeta afferma che chi penetra la verità « tutti fra sé confederati estima / gli uomini, e tutti abbraccia / con vero amor. » Affermazione che ha portato fuori strada certi critici, i quali hanno visto ne La ginestra *un nuovo orientamento della poesia leopardiana: il passaggio dall'esistenziale al sociale. Ma la lirica è la lirica, permette di parlare solo di se stessi (o degli antagonisti: tutta «la gioventù del loco» è l'odiata-invidiata antagonista di Leopardi). Per parlare degli altri bisogna diventare romanzieri. Ed è vero che Leopardi ha avuto in mente questa soluzione letteraria: confidandola al suo zibaldone: ma è probabile pensasse a un romanzo autobiografico, in cui fossero narrati più distesamente gli eventi già esposti nelle poesie (come farà Cardarelli). Il romanzo avrebbe quindi ribadito l'incapacità leopardiana a uscire da sé: almeno è da presumere: non riusciamo a vedere un Leopardi che parla con pietà degli altri, come ha fatto Verga (narratore purissimo, tra i più grandi che il mondo abbia avuto).

Un'altra differenza, stavolta svantaggiosa per il siciliano, è che il Verga esistenziale, cioè il Verga mondano, è uno scrittore scadentissimo, mentre Tozzi è un grande scrittore fin dalle prime prove, da Ricordi di un impiegato *e soprattutto da*

Con gli occhi chiusi, *un romanzo da mettere alla pari coi capolavori di quegli anni*, con Sons and Lovers *di Lawrence*, *col* Dedalus *di Joyce*, con Tonio Kröger *di Thomas Mann*, *coi* Quaderni di Malte Laurids Brigge *di Rilke.*

Il parallelo Verga-Tozzi lo aveva già istituito Luigi Russo: ma per stroncare il senese. Russo ritiene che i personaggi di Tozzi non assurgano al rango di «eroi della roba» come quelli di Verga. Di conseguenza lo scrittore senese non ci avrebbe dato risultati letterari convincenti. Ma quando mai Tozzi limitò l'appetito vitale al solo aspetto economico, alla cupidigia della roba? Egli era affascinato, abbiamo già avuto modo di dirlo, da questi uomini pieni di energia vitale, com'era stato suo padre, com'era per metà lui stesso. Ma la cupidigia della roba non era per Tozzi il solo appetito vitale; ce n'era almeno un altro, anche più forte, l'impulso sessuale. Tozzi non professò nessuna ideologia: ma se fosse stato chiamato a scegliere tra marxismo e psicoanalisi, quest'ultima gli sarebbe sembrata una spiegazione più convincente del comportamento umano.

Del resto, la connotazione maggiore di Verga, ciò che ne fa un grande scrittore, non è la cupidigia della roba da cui sono posseduti i suoi personaggi: è la pietà con cui egli guarda a loro.

Torniamo a Tre croci. Un'altra particolarità salta subito agli occhi: che è un romanzo popolato quasi soltanto di uomini. In primo piano ci sono i fratelli Gambi, soprattutto Giulio e Niccolò; poi il Nicchioli, cioè il garante delle cambiali; finalmente i frequentatori della libreria, in particolare il Corsali e il Nisard. La moglie di Niccolò e le due nipoti che i tre fratelli tengono in casa, compaiono poco. Alle due nipoti è dedicata una delle più belle scene del romanzo, nel sesto capitolo: quando, nel corso di una passeggiata fuori porta, la più piccola, Lola, rivela alla zia che Chiarina ha un innamorato, provocando le reazioni della sorella (che prima la picchia, poi l'abbraccia piangendo). È un momento di respiro in una vicenda soffocata, che ha il suo centro nella libreria: e nel rapporto tra Giulio e Niccolò, da Tozzi non esplorato a fondo. Le due nipoti diventano invece un elemento funzionale della storia da ultimo, in rapporto a Enrico: che si vergogna a farsi vedere da loro nelle condizioni di mendicante e poi in quelle di ricoverato all'ospizio di mendicità. Alle nipoti sono dedicate le ultime righe, subito dopo la morte di Enrico:

«Lola e Chiarina gli misero due mazzetti di fiori sul letto, uno a destra e uno a sinistra. C'era una sola candela; che, essendo di sego, si piegava per il calore della sua fiamma rossa come se avesse nello stoppino un poco di sangue morticcio.

Esse pregavano inginocchiate, con le mani congiunte vicino ai mazzetti di fiori; e, in mezzo a loro, il morto diventava sempre più buono.

Il giorno dopo, spaccarono il salvadanaio di coccio e fecero comprare da Modesta tre croci eguali; per metterle al Laterino.»

È giusto che il romanzo abbia questa chiusa: il gesto di pietà delle nipoti riscatta la triste fine di Enrico, in fondo anche quella di Niccolò e di Giulio; ci fa capire che qualsiasi vicenda umana, anche la più squallida, ha un senso almeno per chi ne serba il ricordo.

CARLO CASSOLA

NOTA BIOBIBLIOGRAFICA

Federigo Tozzi, senese, nacque il 1° gennaio 1883. Figlio di un piccolo proprietario terriero di origini contadine, che possedeva anche una trattoria in città, ebbe esperienze scolastiche irregolari e travagliate: tre anni al Collegio arcivescovile di Provenzano, conclusi con l'espulsione (1895), poi la scuola di Belle Arti e l'Istituto tecnico di Firenze, non portati a termine. Brevi e scarsamente incisive le esperienze politiche nel Partito socialista. I cattivi rapporti con il padre, uomo di carattere autoritario e intollerante, lo inducono a trasferirsi a Roma, dove cerca, senza successo, di inserirsi nella professione giornalistica. Tornato in Toscana, entra nell'amministrazione ferroviaria, lavorando negli uffici di Pontedera e Firenze. Solo nel 1908, alla morte del padre, lascia l'impiego, sposa Emma Palagi, che aveva conosciuto nel 1902, e si ritira nel podere di Castagneto, dove nel 1909 nascerà il figlio Glauco. In questo periodo di intenso lavoro scrive novelle, che comincerà a pubblicare nel 1910, e versi (del 1911 è la prima raccolta, *La zampogna verde*, cui seguirà nel 1913 il poemetto *La città della vergine*, ispirato dalle assidue letture dei mistici, in particolare s. Caterina). Lavora anche a due romanzi, *Ricordi di un impiegato* (1910) e *Con gli oc-*

chi chiusi (1913), che saranno però pubblicati rispettivamente nel 1920 e nel 1919. Ancora nel 1913 fonda, con l'amico Domenico Giuliotti, un quindicinale, «La Torre», di ispirazione cattolico reazionaria. Spinto dalle necessità economiche si trasferisce definitivamente a Roma, dove lavora dapprima all'ufficio stampa della Croce Rossa. Nel 1917 pubblica una raccolta di prose, *Bestie*, ed entra nella redazione del «Messaggero della domenica», allora diretto da Luigi Pirandello. Nel 1918 scrive *Tre croci* (uscito nel 1920) e termina *Il podere*, che apparirà soltanto nel 1921. Continua a pubblicare articoli e racconti su numerosi periodici e lavora anche per il teatro, scrivendo il dramma *L'incalco* e una commedia, *Due mogli*, che viene rappresentata con scarso successo. Muore a Roma il 21 marzo 1920, di «febbre spagnola».

TRE CROCI

I

Giulio chiamò il fratello:

— Niccolò! Déstati!

Quegli fece una specie di grugnito, bestemmiò, si tirò più giù la tesa del cappello; e richiuse gli occhi. Stava accoccolato su una sedia, con le mani in tasca dei calzoni e la testa appoggiata a uno scaffale della libreria; vicino a una cassapanca antica, che tenevano lì in mostra per i forestieri; tutta ingombra di vasi, di piatti e di pitture.

— Ohé! Non ti vergogni a dormire! È tutta la mattina! Fai rabbia!

Niccolò, allora, si sdrusciò forte le labbra e aprì gli occhi, guardando il fratello.

— Ma che vuoi? Io, fino all'ora di mangiare, dormo!

— Volevo dirti che io devo andare alla banca! Stamani, c'è un rinnovo.

Niccolò fece una sbuffata e rispose:

— Vai! C'era bisogno di destarmi?

— Alla bottega chi ci bada?

— A quest'ora, non viene nessun imbecille a comprare i libri! Vai! Ci bado io!

Niccolò, mentre il fratello cercava il tubino, si alzò, giunse fino alla porta, come se avesse voluto mettersi a correre, prendendo lo slancio; e tornò a dietro, rincantucciandosi a sedere.

Era alto e grasso; con la barbetta brizzolata, le labbra grandi e gli occhi bigi.

Allora, perché Giulio andava da sé alla banca, invece di mandarci lui o l'altro fratello, lo guardò e chiese con premura studiata:

— Enrico dov'è? Dobbiamo sempre fare tutto noi anche per lui?

— Sarà a spasso, a quest'ora! Dove vuoi che sia? Lo sai che a quest'ora ha sempre bisogno di fare una passeggiata.

— E rimproveravi me perché me ne sto qui a dormire?

Giulio voleva sorridere; ma si mise le lenti, guardò la firma su la cambiale e disse:

— Bada anche tu se ti pare venuta bene!

Niccolò alzò le spalle e non rispose. Giulio disse, con una specie di ammirazione sempre meno involontaria:

— M'è venuta proprio bene!

Il fratello abbassò la testa e fece un'altra sbuffata; poi si mise a battere lesto lesto la punta d'un piede; e, allora, tremava tutta la cassapanca con quel che c'era sopra.

— Smetti: farai rompere tutto!

— Non sarebbe meglio?

Giulio, grattandosi vicino alla bocca, quasi sorpreso, lo guardò:

— Con te non ci si capisce niente! Ormai, mio caro, anche se volessimo smettere, sarebbe tardi. Piuttosto, speriamo che troveremo i denari per pagare le cambiali!

— E se alla banca scoprono prima che tu... che noi facciamo le firme false?

Giulio era il più melanconico dei tre fratelli Gambi, ma anche il più forte e quello che sperava perciò di guadagnare tanto con la libreria, da non correre più nessun pericolo. Era stato lui a proporre quell'espediente; ed era lui che aveva imparato ad imitare le firme. Ma quando il fratello gli diceva a quel modo, si perdeva d'animo e andava alla banca soltanto perché era indispensabile a guadagnare tempo. È vero anche, però, che era doventata un'abitudine; che lo preoccupava piuttosto per la puntualità che ci voleva. Perfino lusingato che ormai da tre anni la cosa andasse bene: avevano preso più di cinquantamila lire senza destare nessun sospetto, e il cavaliere Orazio Nicchioli, che aveva fatto da vero il favore di firmare qualche cambiale, non indovinava ancora niente. Seguitava sempre ad essere il loro amico, e ad andare alla libreria tutte le sere; a fare la chiacchierata.

Giulio era anche più alto di Niccolò; ma senza barba e più giovane, sebbene i suoi capelli fossero tutti bianchi. I baffetti erano ancora biondi; il viso roseo; e gli occhi celesti facevano pensare a qualche pietra di quel colore. Il più intelligente e il solo che avesse voglia di lavorare, stando dentro la libreria dalla mattina alla sera. Niccolò, invece, faceva anche l'antiquario; e stava quasi sempre fuori di Siena, a cercare alle fattorie antiche e nei paesi qualche cosa da comprare.

Enrico faceva il legatore, a una piccola bottega vicino alla libreria. Era basso, con i baffi più scuri; sgarbato e prepotente.

Soltanto Niccolò aveva moglie; ma vivevano tutti insieme con due giovinette orfane, loro nipoti.

Il loro padre era stato fortunato, e anch'essi da prima stavano bene; poi, a poco a poco, la libreria aveva sempre fruttato meno.

Giulio si mise il tubino, dopo averlo spolverato con il gomito; stette un poco incerto a esaminare la cambiale aperta su lo scrittoio; si grattò vicino alla bocca, la prese e se la mise in tasca. Niccolò lo guardava, imprecando e bestemmiando.

— È inutile bestemmiare.

— Che devo dire, allora?

— Niente. Rassegnarsi.

— Ma io in galera non ci voglio andare!

Aveva la voce forte e robusta, e quando gridava a quel modo non si sapeva se faceva sul serio o per canzonatura. Allora anche a Giulio era impossibile sentirsi afflitto e umiliato. E rispose, con la sua pacatezza di uomo educato:

— Ci metteranno me in galera! Sei contento?

Ma Niccolò gridò:

— Torna presto, perché io qui dentro non voglio che mi ci venga un accidente!

Giulio, tenendo la mano in tasca dov'era la cambiale, perché aveva paura che potesse escirgli fuori, andò alla banca; cercando di camminare a testa alta e di farsi vedere senza preoccupazioni; sicuro di quel che faceva.

Niccolò restò su la sua sedia; e si mise a biascicare un sigaro, sputando i pezzetti sotto lo scrittoio; allungando le gambe fin nel mezzo della bottega. Quando entrò un signore, che conosceva perché una volta erano andati a caccia insieme, Niccolò non si mosse né meno.

Quegli chiese:

— Come sta?

— Io, bene. E lei?

— Un poco di raffreddore.

Niccolò sorrise, dicendogli con una serietà finta di cui nessuno alla prima si accorgeva:

— Si abbia riguardo!

Il signor Riccardo Valentini, allora, guardò qualche libro, e Niccolò richiuse gli occhi come se non

ci fosse stato né meno. Tutti quelli che lo conoscevano, non si rivolgevano mai a lui per comprare; ma
a Giulio, magari aspettando che tornasse, se non
c'era.

Il Valentini gli disse:

— Bella vita, sempre a sedere!

— Lo so! Me la invidia anche lei?

— Io? No, da vero. Anzi, ci ho piacere.

— E io campo da signore per dispetto a quelli
che mi vorrebbero vedere a mendicare. Non faccio
bene? Devono tutti mangiarsi il fegato dalla rabbia!

Il signor Valentini fece una risata.

— Oggi, a pranzo, tordi e quaglie. E mi son fatto
mandare da una delle migliori tenute del Chianti un
vino che, se lo bevesse lei, resterebbe stupito. Dio!
Come mi voglio godere! Per me, nella vita, non c'è
altro! Sono nato un signore, io; più di lei!

— Più di me? Ah, lo credo! Lei non ha quelle
preoccupazioni di cui io non posso fare a meno. Anche stamani son dovuto venire a Siena, perché il fattore mi s'è ammalato. Come si fa a rimandare al giorno dopo gli affari, con una tenuta di trenta poderi
come io ho su le mie spalle! Senza mentovare, poi,
anche le mercature.

Niccolò si sollazzava a quelle confidenze; e, fre-
gatesi le mani, disse:

— Vino e ponci! Ma i ponci li faccio da me.
Mezzo litro di rumme per volta! Ah, io sto bene!

Nella sua voce c'era una gioia rabbiosa e violenta.

Ed egli, ridendo a quel modo, restava simpatico a tutti.

— Ora, quando torna Giulio, che è andato a un appuntamento con una bella signora, si chiude questa paretaia; e si va a mangiare. Che mangiata! Vorrei avere due ventri! Uno non mi basta! Ho fatto comprare, dalla nostra serva, un chilo di parmigiano e certe pere che passano una libbra l'una! Scommetto che le viene voglia di desinare con me!

Il signor Valentini rise e gli batté una mano su la spalla. Poi, chiese:

— Che Madonna è quella, lì nel mezzo alla cassapanca? Quella lì ritta?

Niccolò doventò serio.

— Non me lo vuol dire?

— Anzi! A lei dirò la verità: è una Madonna che ho trovato in casa d'un contadino. Non me la volevano vendere a nessun costo. L'ho pagata cento lire sole!

Si alzò, e con la voce che doventava acuta, ripeté gongolando:

— Cento lire! Cento lire! Me l'ha regalata! Ci voleva un idiota come quello!

— E lei quante ce ne prenderà?

La voce di Niccolò si fece tonante:

— Io?

Poi, con sprezzo:

— Ieri, un inglese mi dava quattromila lire, quattromila lire!

— E non l'ha data?

La voce parve calmarsi, farsi esatta:

— Ce ne prenderò seimila.

E siccome s'era rimesso a sedere, si alzò di scatto, battendo i piedi e ricominciando a gridare:

— Cento lire! Quell'idiota! Ci voleva un idiota come lui, per darmela!

E finse di ridere tanto, come fosse sul punto di soffocare.

Giulio, con il cappello su gli occhi, come senza avvedersene si metteva sempre tornando dalla banca, entrò serio:

— Di che ti esalti?

Niccolò smise istantaneamente; e s'avventò alla porta, come se fuggisse perché non valeva la pena di rispondergli.

II

Fuori camminava a testa ritta, nel mezzo della strada, facendo il grande; rispondeva a pena se lo salutavano, tirava via come se sprezzasse tutti; lesto, come se non avesse tempo da perdere. Giunse, per la Via Cavour, fin dov'era una fruttaiola; e, allora, guardò le ceste in mostra; ma senza fermarsi, girando un poco il collo come se avesse da accomodarsi il solino. L'odore delle frutta gli fece allargare e stringere le narici, e gli si piegarono le ginocchia; ma seguitò a camminare: benché senza raccapezzarsi più dove andasse, e a ogni pochi passi urtando qualcuno; poi tornò a dietro, pensando alle frutta vedute, che se le immaginava più buone e più saporite di quante ne aveva mangiate durante tutta la sua vita. Quasi gli venivano le lagrime, perché si trovava senza denaro in tasca. Ma decise di supplicare il fratello, perché glie le comprasse.

In bottega non c'era più il signor Valentini; ed egli disse a Giulio:

— Che voleva quel vagabondo? Quando viene in bottega, un'altra volta, lo prendo a calci nei ginocchi.

— Che t'ha fatto di male? — gli chiese Giulio, ridendo.

— Toh! C'è bisogno che mi faccia qualche cosa di male? Non lo posso né vedere né sopportare: ecco quel che m'ha fatto!

— Tu non puoi vedere nessuno. Sei mezzo matto! Già, non saresti della nostra razza!

Allora, Niccolò gli strinse un braccio e gli disse, dopo aver fatto scricchiare i denti, come un ragazzo che non può più contenersi:

— Giulio, Giulio mio! Ho visto certe mele e certe pere che... se le potessi assaggiare, darei dieci anni! Me ne sono invaghito.

Giulio, divertendosi della sua ghiottoneria, gli chiese:

— Erano belle da vero?

— Meravigliose! Con una buccia grassa, che dev'essere come il burro! Io oggi non mangio, se non mi levo anche la voglia di quelle!

— Ci manderemo Enrico, quando viene!

— Sì, sì! Piglia tutto quel che abbiamo incassato stamani; e mandacelo. Fa' invogliare anche lui.

— Non ci vorrà di molto!

Enrico entrò sbattendo l'uscio, per chiuderlo; perché quando una volta potevano tenere un commesso, se lo faceva sempre chiudere e aprire. Guardò tutta la bottega; per vedere se c'era qualcuno; sospettoso e pronto a qualche villania. Giulio gli chiese:

— Dove sei stato?

— Sei mio padre, perché io te lo debba dire? Te lo domando mai io a te?

Niccolò disse:

— Hai ragione!

— Tu stai zitto! — gli rispose Enrico, con la sua voce nasale e strascicata — Hai sempre voglia di ruzzare. Ho visto escire il Valentini: che ci viene a fare in bottega, se non compra mai un libro? Già, non sa né meno leggere! Perché non sta a casa sua? L'impiantito, quando è consumato, bisogna rifarlo fare con i nostri denari! Se stesse a casa, il fattore non terrebbe compagnia alla sua moglie!

— È vero? Chi te l'ha detto? Che soddisfazione mi dài!

— Lo so. Quando dico una cosa io, mi chiedete sempre da chi l'ho saputa! Ma, se non ci credete, per me è lo stesso.

Giulio aprì il cassetto dello scrittoio, prese con la punta delle dita dieci lire e gliele porse:

— Vai da Cicia, e compra due chili tra mele e pere.

— Io ci devo andare? O voi non siete capaci?

Niccolò non gli parlava più e non lo guardava né meno, come se lo avesse irritato. Giulio gli disse:

15

— È lui che ti vuol mandare.

— Ma io, se devo andarci, compro anche un pezzo di gorgonzola dal nostro pizzicagnolo.

— Fa' quel che vuoi.

Enrico s'avviò verso l'uscio; e Niccolò, allora, disse:

— Purché tu ti spicci; invece di star qui tra i piedi!

E, quando fu escito, seguitò:

— Non ha voglia di fare niente.

Ma tutti e due doventarono silenziosi. Soltanto dopo una mezz'ora, Giulio, che s'era seduto allo scrittoio battendo a colpi regolari le lenti su la carta sugante, disse:

— Con la cambiale d'oggi, sono cinquemila lire di più.

— A me lo dici?

— A chi devo dirlo?

— Non me ne importa. Io non voglio né meno sentirne parlare.

— Hai paura di guastarti il sangue?

— Giulio! Smettila! Tu sai quel che ho nel cuore. È una spina grossa come il mio pollice.

— Lo so: sarà eguale alla mia.

Allora, Niccolò divenne affettuoso; la sua voce quasi supplichevole e dolce; e sarebbe stato capace di fargli anche le moine:

— Se non ci si volesse bene tra noi, vorrei doventare una bestia... un rospo!

Giulio lo guardò con tenerezza; ma il fratello gli disse:

— Non mi guardare!

— Quelle bambine hanno bisogno di vestiti da inverno.

— Glieli farai comprare. Subito! Per loro, faccio anche a meno delle scarpe! Di tutto! Mi lascio morire di fame!

Quando aveva di questi propositi, che gli duravano poco, si drizzava con tutta la persona; mandando in fuora il petto; camminando in su e in giù per la bottega, che allora per lui pareva troppo stretta. Egli era soddisfatto di se stesso e dava occhiate di orgoglio affettuoso; ansando come se avesse dovuto difendere precipitosamente le due nipoti. Pareva che non potesse star fermo mai più.

— Per noi, quelle bambine devono esser sacre. Non è vero?

— L'ho sempre detto anch'io.

— Ma Enrico... ti pare che Enrico sia del nostro sentimento?

— Diamine!

Ma Niccolò cambiò subito discorso:

— O quando torna con le frutta?

— Sono dieci minuti soli che è andato via!

E Giulio sbirciò il suo orologio.

— Io vado a casa, e vi aspetto là tutti e due. Vieni presto!

Ma Giulio, restato solo, si mise a preparare alcune fatture da riscuotere. Mentre scriveva, entrò, come faceva tutte le mattine, venendo dall'Archivio di Stato, un giovane francese, critico d'arte, stabilitosi a Siena per studiare certi pittori del quattrocento. Era vestito sempre bene; con i baffi biondi e un bastone con il pomo d'avorio cerchiato d'oro. Aveva gli occhi turchini, e i baffi parevano un peso sul sorriso.

— Buon giorno, signor Nisard..

— Buon giorno.

— Che mi dice di nuovo?

— Ho trovato una cosa molto importante su Matteo di Giovanni. Una cosa straordinaria! Una scoperta che farà effetto! Sono molto contento!

Giulio domandò:

— Si può sapere?

— Mi servirà per il libro che sto preparando!

— Allora non voglio essere indiscreto: non voglio che me la dica.

Il libraio aveva una specie di ammirazione per tutto ciò che facevano gli altri; e aveva piacere se glie lo dicevano. Era perciò un buon amico, uno di quelli da confidenze. Gli pareva che gli altri, non compromessi come lui e i suoi fratelli, appartenessero a un mondo che per lui esisteva soltanto prima delle firme false. Ora si sentiva, sempre di più, costretto a subire anche le conseguenze morali della sua colpa. Non avrebbe ardito né meno di chiedere a un altro che gli si mostrasse pronto a stimarlo. Anzi, non voleva. Si schermiva, doventava timido; faceva in modo che gli altri non gli dessero mai nulla dei loro sentimenti; perché non voleva ingannarli.

Giudicatosi da sé, accettava soltanto la consapevolezza dei fratelli. Perciò il suo sorriso restava sempre impacciato e riservato; e quelle erano le occasioni della sua tristezza. Niccolò non voleva amicizie e lo rimproverava tutte le volte che era stato affabile con qualcuno. Gli diceva:

— Tu sai che tra noi e gli altri c'è una cosa, che nessuno ci perdonerà. Anche noi, perciò, con gli altri non dobbiamo avere tenerezze.

Giulio ascoltava il Nisard, con le mani nelle tasche della giubba, senza alzare gli occhi, come un povero riesce ad essere più contento se sta insieme qualche mezz'ora con un ricco. Non avrebbe voluto né meno che il Nisard gli desse la mano!

Quel giorno il Nisard, pensando che a Siena spendevano pochi denari per comprare i libri, gli chiese per dirne male con lui:

— Va bene la bottega?

Giulio scosse la testa; e, poi, disse:

— Non so come facciamo a andare avanti!

E, allora, il piacere sentito ascoltando il Nisard, lo fece soffrire. Gli pareva una grande ingiustizia e una privazione acuta che egli non potesse come lui lavorare, senza imbarazzi, a qualche cosa. Gli venivano in mente parecchi progetti, e vi rinunciava a pena li aveva pensati; sebbene, qualche volta, gliene restasse il ricordo nel suo amor proprio. Il Nisard gli disse:

— Per fortuna ella ha guadagnato in altri tempi, e ora ha i denari per vivere!

Giulio restò un poco perplesso, e poi rispose:

— Già: è una fortuna da vero! Ma io non me ne voglio preoccupare! Sarà quel che Dio vorrà.

Il Nisard, credendo che esagerasse per spilorceria e per grettezza, si mise a ridere. Giulio socchiuse gli occhi, e seguitò:

— Lei non mi crede.

— Ma, signor Giulio, vuol darmi ad intendere...

— Io non dico mai bugie; cioè, non vorrei mai dirle!

E restò soprapensiero. Il Nisard lo guardava in viso, come se avesse capito lo scherzo; e gli domandò:

— Crede che io vada a raccontarlo all'agente delle tasse, perché gliele cresca?

In quel mentre, aprì la porta Enrico, senza richiuderla; tenendo con ambedue le braccia tutte le frutta comprate. Egli disse, allegro:

— Ora, ci manca il gorgonzola! Non inventerete che io penso prima a me e poi a voi! Dite sempre che io sono un egoista!

Il Nisard si divertiva a vedere come Giulio era restato male e imbarazzato. Ma Giulio esclamò:

— Le pere son belle da vero!

Enrico chiese:

— Posso andare a casa? C'è altro da comprare?

Il fratello gli accennò la porta, e quegli escì.

Enrico, quando aveva comprato qualche cosa, non salutava né meno: doventava più arrogante e rispondeva male.

Allora, Giulio disse:

— La tavola bene apparecchiata è una nostra debolezza. Siamo tutti eguali: anche la mia cognata, Modesta, l'abbiamo avvezzata male.

Egli ora era impaziente di essere a casa; perché non lo avrebbero aspettato; e sapeva che i primi sceglievano sempre i bocconi più buoni. Se non ci fosse stato il Nisard, avrebbe chiuso subito la bottega; quantunque un signore gli avesse detto che sarebbe passato a comprare alcuni libri. Egli, pentito, soffriva anche di essersi impegnato ad aspettarlo; e, perciò, si dolse:

— Non capisco come si possano buttar via i denari per comprare la carta stampata! Io sto qui dentro, sacrificato tutto il giorno; non vedo mai di che colore è il cielo; m'è venuto a noia perfino a toccarli, i libri! Bella cosa sarebbe mandarli tutti al macero!

— Ma lei è così intelligente, e parla sul serio a questo modo?

— Sono stato intelligente. Ora, è finita. Ho quarant'anni, e mi sembra di averne ottanta o cento. Lei non mi crede né meno ora!

Il Nisard allargò le braccia; e, sorridendo, disse

che si rassegnava a credergli. Ma Giulio cercava di ricordarsi se avevano comprato il parmigiano da grattare su i maccheroni; e, dentro di sé, diceva: « Chi sa come resta male Niccolò quando sente che non è di quello come piace a noi! ». E gli pareva di vedere il fratello che se la prendeva con la moglie; senza smettere più, per tutto il pranzo. Era capace di alzarsi da tavola, quando aveva finito di mangiare, e di escire senza voler parlare più alla moglie fino al giorno dopo; mentre le nipoti, Chiarina e Lola, ci ridevano; ed Enrico diceva che era una sconvenienza da pazzo. Queste cose deliziavano Giulio; che si fermò nel mezzo di bottega, con il viso ubriaco di godimento.

Ad un tratto, si sentirono suoni di parecchie campane insieme. Era mezzogiorno. Giulio, per esserne più sicuro, escì nella strada; ascoltando. L'orologio municipale batteva le ore, con una cadenza placida; e anche San Cristoforo, la chiesa più vicina alla libreria, in Piazza Tolomei, si dette a suonare. La gente era meno rada, e cominciavano a passare gli impiegati. Allora, egli disse, con dolcezza:

— Posso chiudere!

Il Nisard, che doveva andare alla villa presa in affitto fuor di Porta Camollia, lo salutò frettolosamente.

Dopo cinque minuti, l'orologio replicò le ore; e a Giulio parve che rispondessero proprio a lui, e fossero saporite e allegre come una leccornia.

III

Dopo mangiato, Niccolò era sempre disposto all'allegria, ma così volubilmente che ingiuriava chiunque gli diceva una parola più di quelle che volesse ascoltare.

Giulio, invece, durante tutto il chilo, faceva ripetizione alle nipoti; ed Enrico andava a dormire per un paio d'ore. Niccolò disse:

— Non mi parlate, perché vado in bestia! Mi fate rodere dalla rabbia! Mi sentivo così allegro, invece! Lasciatemi: sto bene solo, a parlare con me stesso. Io solo m'intendo!

Poi escì camminando lentamente e strenfiando; quasi sudando, benché fosse d'ottobre. Gli era venuta la gotta, come agli altri fratelli; e, da quanto aveva impippiato, moveva a pena le gambe.

Per la strada, fingeva di fare il viso da ridere; e se qualcuno, allora, si preparava a fargli altrettanto, egli lesto si scansava e mostravasi arcigno; quasi offeso.

Tornato dalla passeggiata alla Lizza, che gli bastava per fumare tutto il sigaro, trovò in bottega un suo amico, Vittorio Corsali, che era agente d'una compagnia d'assicurazioni.

— Oh, oggi, non voglio discorrere troppo! Mi fa fatica!

— Non so come faccio a darti fastidio se non ho aperto bocca da quando sei venuto!

— Non importa! A me le persone danno fastidio anche se stanno zitte!

— Ma io, come dicevo a tuo fratello Giulio, ero venuto per proporti un buon affare!

— Non ho voglia di affari! Parlane con lui. Ma quando non ci sono io, perché oggi non posso sopportare né meno una mosca che vola.

E si mise a ridere, come per fare una bravata da smargiasso. Era un riso violento, sensuale e acre. Il Corsali disse a Giulio:

— Aspetterò che gli passi!

Niccolò, allora, fu preso dal furore:

— E io ti dico che non devi parlarmi! Hai capito? Io ti prendo per il collo, e ti metto fuori di bottega!

Egli respirava forte, mordendosi le mani.

Il Corsali, che era per aversene a male, quantunque Giulio gli facesse cenno che non lo prendesse sul serio, allungò un passo verso la porta, per andarsene.

Niccolò gli fece, a pena voltato, una risata così spontanea e gioconda, che quegli restò stupefatto.

— Non ti eri accorto che celiavo?

— Non è questo il modo di trattare gli amici.

Ma Niccolò non voleva sentirselo dire; e ridoventò minaccioso e provocante.

Vittorio Corsali era magro, senza capelli e i baffi bianchi. Quando parlava, gli si vedevano i denti; e tutta la testa pareva, all'incirca, un cranio di volpe. Giulio domandò al fratello:

— Quando è che ti senti disposto ad ascoltarlo? Ci farai il piacere di dircelo.

— Tutte le volte che vuoi, meno che oggi.

— Ma domani io vado con il calesse a Radicondoli, per affari della mia compagnia d'assicurazioni. E là, dal piovano, ho visto un crocifisso d'argento...

Niccolò, che cominciava ad ascoltare, si volse con veemenza:

— Lo vende?

— È quello che volevo dirti!

Niccolò pareva adirato e come se avesse da leticare:

— Sei sicuro che mi piacerà?

— Io credo.

— Tu non capisci niente: non mi fido.

— Lo so che tu mi ritieni uno sciocco!

Giulio chiese:

— Quanto pretende? È avaro?

— Ci vogliono, a quel che ho capito, due fogli da cento.

Niccolò fremeva:

— Digli al prete che se lo ficchi in gola! Non fa per me. Io compro da quelli che non sanno vendere. Se capita nella libreria, lo prendo a pedate. Diglielo! Dio ne guardi, se mi viene a cercare!

E spalancò la bocca, come se avesse voluto morderlo. Poi, sorridendo, si racchetò. Si mise disteso su la sedia, guardando ora il fratello e ora l'amico, con gli occhi luccicanti di godimento; stimolandoli a ridere. Aveva in tutto il viso una ilarità così piacevole, che anche gli altri la sentirono subito. Ma quando Niccolò li vide così cambiarsi, disse con rammarico afflitto e brusco:

— Non mi parlate!

Poi, come se il Corsali non ci fosse, si mise a parlare con il fratello:

— Hai mandato quelle fatture?

— Devo metterle dentro le buste.

— O che aspetti?

— In giornata ci penserò.

— Hai segnato bene tutto?

— Ho ricopiato dal libro.

— Con le date?

— Con le date.

— Vorrei sapere perché non pagano!

— I signori vogliono fare il loro comodo.

Niccolò picchiò con l'anello del mignolo su la cassapanca; poi, disse, sbadigliando:

— Mi duole la testa: m'ha fatto male quell'intingolo troppo impepato.

— Sei tu che lo vuoi così!

— Stasera, c'è il pollo?

— Credo.

— Se no, vado a mangiare a qualche trattoria.

— Ci puoi andare: nessuno te lo proibisce. Non è la prima volta.

— E tu che mangi, Vittorio?

— Io? Io mangio quel che trovo: minestra magari come la broscia, lesso, e poi, se c'è, un cirindello di cacio quanto basterebbe per metterlo nella trappola a un topo.

Niccolò fece una risata, e disse:

— Io vorrei trovarmi la tacchina; per domani. Ci credi che il lesso io non lo potrei né meno mettere in bocca per biascicarlo?

Egli era gaio e festoso; e si mise a raccontare una delle sue barzellette. Ne sapeva sempre nuove; e allora rideva anche con lo stomaco, sussultando:

— Questa è bella da vero! Trovatene un altro che le scovi come me!

Anche Giulio rideva, ma a gola chiusa. Niccolò seguitò:

— Dio, come rido! Mi vengono perfino le lacrime agli occhi! Mi fa perfino male! Stanotte, la mia moglie s'è destata e m'ha detto: o che hai da ridere?

Perché mi ricordavo sognando di quella che dissi l'altro giorno. Ripetila anche a lui, Giulio! Le mie facezie bisognerebbe stamparle.

Ma divenne serio, perché Enrico entrava in bottega. Era ancora assonnato e intontito; camminava tutto dinoccolato e cozzò nel banco dov'era lo scaffale dei libri.

— Oh, non ci vedo! Ho dormito male: c'era, sotto le finestre, il marmista che faceva un chiasso, con certi tonfi! Quando si sa che c'è uno a dormire, dovrebbero avere più riguardo! Pareva che facesse a posta! Vorrei sapere che bisogno avesse di sbatacchiare!

— Gli sarà arrivato il marmo!

— Eh, ma si tratta di educazione! Non ci sta mica lui solo nella casa! Che m'importa del suo marmo? Sarebbe lo stesso che importasse a me delle sue corna! La moglie glie le fa tutti i giorni. Lo dicono!

— E a lui che importava se tu volevi dormire?

— Che discorsi mi fate? Dei due, domandiamolo a chi volete, la ragione l'ho io. Io ci scommetto quel che volete: qualunque gentiluomo darebbe ragione a me. Perché, se io dormo, lui può lavorare lo stesso; mentre io mi son dovuto destare. Quando sono sceso, volevo leticarci. Ma, un'altra volta, non starò zitto. Sono troppo buono! E tu perché ti sei succhiata tutta la bottiglia del cognacche?

Niccolò rispose:

— Compratene una per te.

— Certo! Da qui in avanti, farò così! Anche se tra fratelli ci si tratta a questo modo! Io credevo di trovarcene almeno un bicchierino!

— E hai bevuto l'acqua?

— L'acqua? Vorrei mi schizzassero via gli occhi, se io ne ho messo mai in bocca una gocciola. Con quella mi ci netto il codrione.

Egli, quando s'arrabbiava, aveva la voce di cattivo; e seguitò:

— Me lo dite per offendermi; ma io so tenervi al posto! Perché mi avete domandato se ho bevuto l'acqua? O che tra fratelli non ci si deve portare rispetto? Non è vero, Vittorio? Se me lo ripetono un'altra volta, questiono per da vero. Perché io sono permaloso. E, poi, per le cose giuste!

Niccolò gli chiese:

— Perché non vai nella tua legatoria?

— Io faccio il mio comodo. Ne ho diritto quanto te. I libri non si rilegano mica con la mia pelle! Se avete voglia di questionare, io sono sempre pronto; anche se siete in due contro di me.

Giulio lo guardò meravigliato e rispose:

— Mi sembra che noi ti lasciamo spifferare tutto quel che vuoi.

— Per forza! Ho ragione!

— Io non ti dico di no.

— E, allora, perché volete insistere?

— Ti dico che io non ho nessuna voglia di alzare la voce.

— Tu, no; ma Niccolò, sì.

Allora, Niccolò disse a Giulio:

— Consiglialo che se ne vada!

E prese in mano un vaso antico.

— E tu, per rompermi la testa, sciuperesti codesto vaso? Io adopro le mani! Fagli posare il vaso! Non mica perché io abbia paura, ma perché la roba di bottega la deve tenere di conto! È d'una terraglia che si scheggia a guardarla. E, poi, badate com'ha ammaccato con i piedi la cassapanca! Sei un lezzone e uno sciupone.

Vittorio, che aveva voglia di ridere, disse:

— Fatemi il piacere di smettere, tutti e due. È vergogna, tra fratelli. O non vi volete bene?

Enrico rispose:

— Lui no: mi farebbe a pezzetti se potesse!

Giulio disse:

— Non è vero!

— Tu lo scusi sempre, ma è così. Fagli posare il vaso. Non vuol dare mica retta! Non lo vuoi posare? Me ne vado io! Accidenti a quando sono venuto!

Dette un'occhiata stizzosa anche allo scaffale dei libri, ed escì.

Allora, Niccolò disse:

— Bisogna metterci riparo! Deve smettere!

— Ma sei anche tu che non lo sai prendere!

— Io vorrei che morisse.

Il Corsali chiese:

— E perché?

— Il perché lo so io! Non mi fate parlare! Se fossimo io e Giulio soli, le cose non ci andrebbero come ci vanno! È tanto tempo che desidero d'essere io e Giulio soltanto!

— Ma ormai, c'è anche lui; ed è bene che ci resti fino a quando...

Il Corsali non capì a che alludesse; ma Niccolò gli tagliò lo stesso le parole, tremando tutto:

— Zitto!

Giulio capì che poteva commettere un'imprudenza. E il Corsali, accortosene, disse perché fossero tranquilli:

— I fatti vostri non li voglio conoscere. Io vengo qui da amico; e potete essere sicuri che non sono né un pettegolo né un maligno.

Giulio, allora, si riprese:

— È Niccolò che fa immaginare non si sa che; con le sue gaglioffate.

Niccolò, picchiando le ginocchia insieme, esclamò:

— Zitto, ti dico!

— Che cosa ho detto?

— Zitto, zitto!

E si turò la bocca con una mano.

Il Corsali s'era incuriosito, ma ormai capì che di più non avrebbero sciorinato.

— Se avete paura di me, io vi lascio.

Niccolò gli gridò:

— No: voglio che tu resti!

Giulio arrossiva come una giovinetta imbarazzata.

Il Corsali disse:

— Pochi minuti fa, eravate così allegri!

Niccolò gli gridò più forte:

— Io allegro? Questa è la più grande calunnia che mi si possa inventare! Io non rido mai! Mai, hai capito?

— Perché non te ne ricordi!

— Basta! Basta! Basta! Se lo dico io che non rido!

Giulio fece cenno al Corsali che se ne andasse. E, quando se ne fu andato, Niccolò si mise a singhiozzare.

— E, ora, perché piangi?

— Non ne posso più!

Allora anche Giulio, che lo guardava, in piedi, da dietro la scrivania, sentì gli occhi empirsi di lacrime bollenti; che lo accecavano.

E non ebbero il coraggio di guardarsi ancora.

IV

Il cavaliere Orazio Nicchioli, assessore comunale e capo di parecchie congregazioni di carità, era sicuro di trovare sempre la stessa accoglienza deferente. Entrava con un'aria di bonarietà affettuosa, procurando di non far sentire che egli si considerava il padrone della libreria; e voleva bene da vero a tutti e tre i fratelli.

Aveva una bocca da bambino, e l'arricciava sempre. Guardava, abbassando la testa, da sopra le lenti.

Il giorno dopo che i due fratelli avevano pianto, domandò sottovoce a Giulio perché non sentisse Niccolò:

— Come vanno le cose?

Giulio arrossì, e gli rispose:

— Non cambiano.

— Ma... niente di peggio?

— No, no!

Niccolò aspettava che gli rivolgesse per primo la parola, e con lui era quasi umile. Gli chiese:

— A me non parla?

— Perché dovrei fare una differenza tra lei e Giulio? Lei se ne sta sempre rincantucciato in codesta sedia! Povero signor Niccolò!

— Qui ci sto meglio che in tutti gli altri posti.

Quasi involontariamente, gli venne da scherzare anche con lui; ma sorrise e basta. Giulio, invece, si sentiva un poco sconvolto; e doveva stare attento di non perdere la testa. Sarebbe andato via volentieri, per fare a meno di parlargli; come quando trovava il pretesto magari d'andare a comprarsi un francobollo, ed esciva trattenendosi fuori più che poteva. O come Enrico che fingeva d'avere un sacco di faccende, svignandosela subito; sebbene Niccolò non gliela perdonasse.

Ma il Nicchioli doventava, qualche volta, così affettuoso che essi non sapevano più che contegno tenere. E Niccolò disse:

— Giulio, dàgli una sedia!

— La prendo da me.

— Non ci mancherebbe altro! Piuttosto, le do la mia.

Ma nondimeno non si alzò; seguitando a dire:

— Siccome lei ci fa sempre il piacere di venirci a trovare, sia tanto buono di trattenersi quanto vuole.

Il cavaliere, allora, s'intenerì; ed essi, avvedendosene, cercarono di dirgli cose gradite:

— Come sta sua moglie?

— Sta bene: grazie.

— E il bambino?

— Ingrassa sempre più.

— Che bel bambino!

Il cavaliere n'era tanto orgoglioso che non trovava né meno più le parole per lodarlo a modo suo:

— È... veramente... un prodigio! Bello... forte... Come devo dire?... Robusto... ben fatto... i piedini... le manine... Intelligente!... Capisce più di noi!... Basta fargli... psi... psi... si volta subito... E ha quattordici mesi precisi... L'ha compiuti tre giorni fa... È la mia consolazione!...

Niccolò cominciava ad aver voglia di ridere, ma fece finta di starnutire.

Il cavaliere disse a Giulio:

— Venga con me: facciamo una passeggiata insieme. Così, ne parliamo un poco!

Giulio, non potendo rifiutare, si mise il tubino e rispose:

— Vengo subito!

— Io parlo volentieri soltanto di lui. Per me, al mondo non c'è altro.

Niccolò gli faceva cenno di sì con la testa.

Andarono fino a Porta Camollia e poi in Pescaia, per rientrare in città da Fontebranda. La strada di Pescaia cala girando sotto una poggiaia dirupata e sterposa, sempre più alta; e Siena si ritira e si nasconde sempre di più dietro ad essa. La campagna, a destra, divalla dentro un collineto lunghissimo e avvignato. Al Madonnino Scapato, si scopre soltanto San Domenico; massiccio e rosso, su un rialzo che sporge. Il cielo era tinto di una nebbiolina rosea; e il Monistero, su un'altura più ritta e più lontana, pareva dello stesso rosso, con due cipressi accanto; scuricci e acuminati. Un torrente affossato, strosciando giù per le gorate, veniva dalla sua collina fino alla strada, tra un arruffio tremolante di pioppi storti e arrembati; impolloniti. Accanto ai pioppi, c'era l'erba di un verde così forte e fresco che il Nicchioli smise di parlare del suo bambino, per dire a Giulio:

— Questi campi li baratterei volentieri con i miei di Monteriggioni.

Ma si riprese subito, e non dette tempo al libraio di rispondere. Egli aveva raccontato, benché non fosse la prima volta, quanti medici avevano assistito la sua moglie partoriente; tutto quel che era accaduto, con i pericoli ed i rimedii. Poi, quante balie aveva dovuto provare, prima di azzeccarne una che avesse latte sufficiente. Ora, era giunto all'infiammazione delle gengive per i denti che cominciavano a spuntare. Cavò di tasca un libretto foderato di cartone bianco, con i margini dorati; e disse:

— Vede: io, per non dimenticare niente, segno tutto qui. Il bambino non piange mai... né meno la notte... ma quando lo sentimmo piangere... mia moglie, sensibile e nervosa com'è... si allarmò subito... perché a nessuno dei due era venuto in mente che poteva trattarsi dei denti... mandammo, immediatamente, le dico immediatamente, a chiamare il medico di casa... che, per dire la verità, a suo onore... venne subito... in carrozza... È uno dei pochi medici scrupolosi, dei quali ci si possa fidare... Io non ne chiamerei mai un altro... Badi, m'ero scordato di dirle... che il bambino aveva la febbre... In casa avevamo già perso la testa... chi correva di qua... chi di là... Era venuta anche la mia suocera, che voleva mettere le mignatte... Ma io non volli... sebbene sia un rimedio che non mi dispiaccia... Mia moglie piangeva... Le lascio immaginare tutto il rimanente!...

E siccome egli temeva che Giulio si distraesse, lo costringeva sempre a guardarlo negli occhi come faceva lui.

Quando tornarono alla libreria, Giulio non ne poteva più. E il cavaliere disse a Niccolò:

— Abbiamo fatto una magnifica passeggiata. Lo domandi a suo fratello.

— Lo credo; se me lo dice lei!

— Ma ne faremo, presto, un'altra! E verrà lei con me, Niccolò!

— Io a piedi non posso camminare.

— E perché? Se cammino perfino io!

Giulio disse:

— Noi abbiamo tutti e tre la gotta, come lei sa!

— È una cosa che fa vergogna. Mi permettano di dirlo francamente... Ah, se l'avessi io...

— Che cosa farebbe?

Ma il cavaliere non seppe quel che rispondere; e restò male, a pensarci. Dopo cinque minuti, riprese:

— Se l'avessi io... vorrei guarire! Ah, non potrei sopportarla!

E fissò in viso i due fratelli; che si affrettarono a farsi vedere convinti.

Ma Giulio aveva paura che il Nicchioli volesse farli parlare parecchio per conoscere meglio il loro animo. E, siccome si riteneva più colpevole degli altri, gli pareva che il Nicchioli già sospettasse. E tutte le volte che egli entrava in bottega, si sentiva già perso e chiudeva gli occhi. Anche Niccolò aveva paura, ma cercava di pensare ad altro; perché lo pigliava una specie d'immobilità. E, allora, sbagliava anche a rispondere; come se fosse stato sordo e non capisse. Gli saliva il sangue alla testa; e, se il cavaliere si tratteneva molto, stava male tutta la giornata.

Giulio, a lungo andare, aveva perso la salute; e dimagrava; benché, ormai, il suo carattere non potesse più cambiarsi. Una volta era stato di modi distinti, quasi signorili; ed ora si rassegnava male a portare sempre lo stesso vestito blu; lustro e magagnato.

Il Nicchioli li ammonì:

— È inutile che ve lo ridica, mi pare: se il denaro dei vostri incassi fosse poco, me lo dovete avvertire. Badate che io, in contraccambio del favore che vi ho fatto, non esigo da voi altra sincerità... Voi capite che anch'io... benché possa essere... fino a un certo punto... un signore... devo sapere come... si trova il mio denaro.

Niccolò andò a cambiare di posto a una fila di libri; spolverandoli con un gomito. Ma anche Giulio stette zitto. Il cavaliere si meravigliò un poco; e, credendo d'averli offesi, seguitò:

— Badiamo che io... vi parlo così... perché vi sono amico... ve ne do la prova... Non mi crediate cattivo o... pentito della firma messa... Vi ho detto che... a farmi restituire ciò che è mio... non ho nessuna fretta... Io so che voi siete buoni e leali... come me... Mi vergognerei a sospettare... Non mi sbalùgina né meno per la mente!

Giulio lo avrebbe supplicato di smettere; e Niccolò ficcava all'incontrario i libri nello scaffale, che era anche troppo corto.

Passava tutto il reggimento, e si sentivano soltanto i passi cadenzati. Involontariamente, tutti e tre si voltarono ai vetri della porta; sempre con lo stesso stato d'animo, che si faceva anzi più intenso. All'improvviso, la banda attaccò, con tutti gli strumenti, una marcia. I vetri tremarono; e tutti e tre si riscossero. Essi ascoltavano; e i loro sentimenti parevano aumentare, benché in contrasto con la musica sgargiante; come stupefatti.

Quando si fu allontanata, essi si sentirono un'al-

tra volta insieme, allo stesso punto, con l'animo sospeso. Il Nicchioli aspettò un poco, e poi riprese:

— Vedete come siete voi?... Io sono differente...
non per vantarmene...

Niccolò disse con la sua voce robusta, che faceva
subito credere:

— Se lei vuole, noi restituiremo il suo denaro
dentro due mesi!

Al Nicchioli questa risposta dispiacque, perché
credette di avere irritato il loro amor proprio.

— Lei prende le cose sempre per il peggio!

Giulio, con una dolcezza che gli repugnava, disse:

— Il cavaliere non intendeva dire questo! Con te
non si può mai parlare! Lo scusi, perché né meno
lui sa quello che si dica! Doventa irresponsabile.

Il Nicchioli fu soddisfatto, e disse:

— Nessuno... più di me... conosce la vostra one-
stà... nessuno, più di me... vi stima. E non vi basta!... Ci conosciamo fino da ragazzi... e sarei pronto
a restare per voi senza pane... se non avessi famiglia! Io vi chiedo soltanto di trattarmi... da amico...
perché non credo che possiate lamentarvi di me.

Niccolò riescì a ridere e gli disse:

— Lo sa come io sono lunatico!

Ma il cavaliere non s'era ancora sfogato, e Giulio
dovette ascoltarlo per quasi una mezz'ora. Quando
se ne andò, Giulio disse:

— Oh, finalmente respiriamo!

Niccolò propose:

— E se gli dicessimo della cambiale falsa? Io scommetto che la pagherebbe! È così benefico! Non hai sentito come parla?

— E che importa se parla in quel modo? Non bisogna approfittarne; e, forse, né meno credergli.

— Tu non vuoi mai tentare!

— Perché sono sicuro di quello che succederebbe!

— Giulino, dai retta a me! Ti dico che pagherebbe la cambiale! Dammi retta, almeno una volta!

— Vuoi assumerti tu la responsabilità di dirglielo?

— Io? Io, finché non se ne accorge, non gli dico niente.

Enrico, zoppicando per la gotta, aprì l'uscio.

— Son venuto a prendere una ventina di lire per il pesce! M'hanno detto che al mercato c'è una palomba bianca come il sale, e una cesta d'anguille ancora vive!

— Allora, hai fatto bene a tornare! Ma, un'altra volta, se ci lasci soli quand'entra il cavaliere, ti giuro che a casa non ti ci voglio più.

Ma siccome Giulio rideva, Enrico capì che non c'era pericolo di leticare. E disse:

— Che vi ha detto? Non capisco perché tutti i giorni si zeppi qui, come se la nostra libreria fosse il suo confessionale! È un'indecenza. Quando la gente può stare tutto il giorno senza fare nulla, cerca di passare le ore con le chiacchiere! Io, ora, se mi date i soldi, vado a comprare il pesce. Ci vado da me, perché lo voglio scegliere. Suderò come un ciuco, a portarlo fin su a casa.

— Fallo portare dal pesciaiolo!

— No, no: non mi fido. Ti ricordi quando ci barattò le triglie che puzzavano, e io le avevo scelte, a una a una, fresche? Non c'è da fidarsi! Datemi i denari; se no, c'è caso che lo compri qualche trattore o qualche signore.

Giulio cavò dal portafogli venti lire. Ed Enrico, prendendole come se fosse riuscito a truffarle, disse:

— Il cavaliere parla sempre di quel bambino, che crede suo! Più imbecille di lui, non c'è nessuno.

E tutti e tre fecero una risata.

V

Modesta era una paciona che viveva soltanto per la famiglia: non sapeva fare altro e non capiva di più. Energica e robusta, passava le giornate in casa; e lavorava più lei che la donna di servizio. Per farsi portare qualche ora a spasso, le sue nipoti dovevano tentare tutti gli espedienti. Alta quanto Niccolò, non era meno massiccia e meno grassa. Il marito e i cognati le empivano la casa di provviste da mangiare; ed ella doveva soltanto preoccuparsi di cucinarle. Ma aveva subodorato che le nascondevano qualche cosa; e non era più tranquilla e contenta come una volta.

Mentre Niccolò finiva di asciugarsi il viso e le mani, ella gli chiese:

— Perché ti lamenti sempre che la libreria non guadagna, e in vece facciamo i signori; come se i denari ci fossero a palate?

Niccolò temette di lei, ma rispose con disinvoltura:

— Tu stai al tuo posto. Queste domande, la mia moglie non le deve fare.

Ella voleva tenergli testa, ma le venne da ridere. Egli, allora, seguitò con il suo solito brio:

— Le donne devono pensare alla calza!

Ella si perse di franchezza; ma non volle stare più zitta.

— Sono sicura che non mi dici la verità.

Niccolò rise più forte.

— Troppe volte ti ho visto preoccupato, e troppe volte hai detto che noi ci possiamo trovare nella miseria!

— Non farmi andare in collera di mattinata! Mi ero alzato così di buonumore, e tu me lo vuoi guastare.

— Non fare il buffo!

— E tu le bizze.

— Non faccio bizze: sono stizzita da vero.

— Come ti devo ragionare io? Ti devo guarire io? T'ho detto di lasciarmi vestire in pace. Te lo chiedo per favore.

Ella, allora, andò in cucina; a preparargli la cioccolata. Egli s'affrettò a mettersi la giubba, prima che tornasse.

Modesta non si sarebbe arrischiata ad insistere, ma la sua ansia le dette forza. E, portatagli la cioccolata in camera, senza farlo andare in salotto, per esser soli, gli disse ancora:

— Io andrò, oggi, dal cavaliere Nicchioli.

— Vai da chi ti pare!

Niccolò era ancora disposto ad essere mite, credendo che la moglie la facesse finita. Ma non si sarebbe sentito sicuro, se non avesse pensato ai fratelli. Egli aveva il viso afflitto; e, pure di potersene andare, non gli importava che la cioccolata gli bruciasse la lingua.

— Tu, nonostante il bene che ti voglio e gli anni del nostro matrimonio, tenti di nascondermi quello che fai capire anche a guardarti. Bada che non è una celia!

— Mi minacci? Ora non potrai dire più d'essere una buona moglie come credevo. E come ti vantavi.

Ella restò senza fiato, ma senza sentirsi avvilita. Il marito non le poteva mentire, ed ella era stata una sciocca. Ma, nondimeno, il suo istinto non la persuadeva. Come quando aveva creduto di sognare un terno sicuro, e tornava a rigiocare i numeri; con quel suo fanatismo testardo e assurdo.

Ella, allora, aspettando che Enrico entrasse in salotto a bevere il caffè, mentre gli preparava le fette imburrate, decise di parlarne con lui. Con Giulio non ancora, perché lo avrebbe ridetto al marito.

Enrico era con lei sornione, e qualche volta cupo. Le parlava a distanza, sempre da sgarbato. Vedendolo entrare più burbero del solito, temette che le rispondesse troppo male. Ma gli chiese:

— Come vanno gli interessi della libreria?

— Non c'è il tuo marito? Perché non lo domandi a lui? Perché lo domandi a me? Questo latte non è più buono, come prima!

— Niccolò non ha voluto dirmi niente!

— E, perciò, ti rivolgi a me?

— Ma lo saprò lo stesso.

— Le donne riescono a tutto.

— Non mi sarà difficile, allora!

— Senti: lasciami far colazione in pace! Piuttosto, hai messo poco burro su le fette! Bisognerà che ce lo stenda da me. Meno che io voglio parlare con te, e più tu mi vieni attorno.

Ella non sapeva se s'ingannava o se aveva ragione di sospettare. Egli la guardava con disprezzo, accigliato e con una serietà ostile; come se l'avesse odiata. Qualche volta egli le era restato antipatico, ma s'era subito rimproverata; come di una sconvenienza. Non poteva prendersela con un cognato! Pensò, allora, di supplicarlo; ma a pena egli se ne accorse, le disse:

— Ti prego di smettere e di andartene!

Ella obbedì, pentita d'aver creduto ch'egli l'avrebbe ascoltata.

Enrico, invece di fare la passeggiata di tutte le mattine, andò difilato a bottega e disse a Niccolò:

— Mi pare che la tua moglie metta su presunzione!

— Che t'ha detto?

— Suppongo che prima abbia chiesto a te quel che chiedeva a me.

Niccolò, per non passare da debole dinanzi al fratello, rispose:

— Con me, se n'è guardata bene.

— Mi credi un idiota? Mettiamoci, invece, d'accordo. E, quando viene Giulio, domandiamolo anche a lui.

— Veramente, non credo che possiamo rimproverarla.

— Ed io ti dico di sì. Non fare il sentimentale.

— Oggi, le parleremo tutti e tre insieme. Perché non dovete supporre che io mi sia lasciato scappare né meno un ette!

— Ti saresti fatto pigliare proprio alla tagliola.

— Non c'è pericolo! Sono abbastanza furbo, benché lei sia una donna.

— Appunto perché è una donna ci vuole doppio giudizio. E bisogna metterla subito al posto.

— Io non le permetto né meno di fiatare!

— Pare di sì: altrimenti, non avrebbe osato, mentre facevo colazione, di mettersi lì ad affrontarmi. Io non me l'aspettavo.

— Stai tranquillo che non sa niente. Piuttosto, la strozzo.

— Io le ho portato sempre rispetto, da buon cognato, ma ora glie lo farei scontare.

— Con la mia moglie ci penso da me. Basto io!

Giulio, quando gli raccontarono tutto, disse:

— Siamo rovinati! Non c'è più scampo! Le donne son più astute del diavolo. Chi avrebbe immaginato che quella sciocca... Scommetto che ha sentito qualche nostro discorso. Ierisera parlammo sottovoce, al buio. Può darsi che sia stata ad ascoltare.

Ma Niccolò disse:

— Oggi, prima di metterci a tavola, la facciamo pentire.

— Senza tanti riguardi!

Giulio propose:

— È meglio con le buone!

Enrico ribatté:

— Allora, io non me ne occupo. Farete da voi.

Giulio chiese, come se riflettesse da sé, a voce alta:

— È meglio con le buone o con le cattive?

Enrico rispose:

— Io ho sempre sentito dire...

Ma Niccolò gridò:

— Ci penso io! Basta! Voi starete lì soltanto; e, se ce ne sarà bisogno, mi aiuterete.

Enrico scosse la testa, ed escì. Ma Giulio era anche spiacente di obbligare la cognata a non immischiarsi nelle faccende degli interessi.

— O chi glie lo avrà messo in mente? Mi pare impossibile che nessuno l'abbia messa su. Sempre così quieta come una pecora! Non c'è stato mai una mezza questione!

— Sono ubbie del suo cervello. Ti garantisco che non sa niente!

— Lo spero.

A mezzogiorno, Niccolò, la fece chiamare in salotto; e mandò le nipoti in cucina, chiuse insieme con la donna di servizio. E le disse:

— Siamo tutti e tre sorpresi dei discorsi che hai cominciato stamani. Diteglielo anche voi: non è così?

Modesta si sentì addirittura incapace di difendersi. Era il suo istinto che le dava ragione, ma avrebbe voluto piuttosto essere rovinata da vero che trovarsi lì a quel modo. Non s'aspettava né meno che il marito le avrebbe fatto sopportare quella parte! Se fosse stata sola con lui, si sarebbe buttata in ginocchio; e invece si sentiva venire meno, come se le si piegassero le gambe, ed ella non avesse più forza di tenersi ritta. Era sbigottita; e, nello stesso tempo, meravigliata. Ben lontana da indovinare che Giulio le avrebbe chiesto perdono, e che Enrico sarebbe stato pronto, più degli altri, per viltà, a dirle tutto. Niccolò sentiva per lei un affetto che durante qualche attimo rasentava l'adorazione. Ella li credeva indignati, e pieni d'ira. E se, invece, avesse detto una mezza parola, tutti e tre non avrebbero più osato di apparirle dinanzi. Ma ella, a pena si fu un poco rimessa, bisbigliò:

— Non dovete badare a me!

Enrico rispose:

— Non voglio sapere altro: mi basta.

Niccolò aggiunse:

— Un'altra volta sarai più prudente.

Giulio non le disse nulla, perché si vergognava.

Allora, ella, piena di gioia quasi delirante, andò in cucina a dire alle nipoti che potevano portare la minestra.

Durante il pranzo, incitava gli altri a ridere e a essere allegri; sentendo una felicità non provata mai. Le pareva perfino troppa; e di essersi ubriacata, benché non avesse bevuto più del solito. Niccolò l'approvava, e burlava Giulio quando stava serio. Egli presentiva che presto non avrebbero più riso; e, allora, con la sua ilarità avrebbe voluto insultare tutti. Se l'avessero sentito sghignazzare il cassiere e il direttore della banca, sarebbe stato disposto a dare da vero dieci anni della sua vita. Erano risate sorde, ma spumose; risate piene di impazienza; che, ad ascoltarle bene, parevano brividi; lente e comode, larghe e insolenti. Egli rideva anche con la voce; i suoi occhi luccicavano, destando la malcreanza di Enrico, e la timidità corrotta di Giulio. Ma, a un certo punto, pareva che dovessero ridere anche i piatti; battendo su la tavola. Tutto doventava ridicolo e piacevole.

Giulio disse:

— Ora, è troppo!

Chiarina e Lola gridarono:

— No, no! Non dovete smettere!

Soltanto Enrico riescì a farli tornare in sé, dicendo:

— Questa baldoria non mi piace!

Quantunque Niccolò gli rispondesse pronto con una sguaiataggine tutt'altro che pulita, risero meno, tra i denti. Enrico disse ancora:

— Che tu sei il più sboccato, lo sapevo. Ma le sudicerie le devi serbare per la bottega. In presenza delle bambine, no. Metti il grifo dentro ai piatti e taci.

— Se non vuoi ascoltare...

Giulio disse:

— Non prendiamo le inezie troppo sul serio! Cionchiamoci sopra un bicchiere di vino; e vi passerà la voglia di fare un bisticcio. È meglio divertirsi che altercare!

Niccolò faceva il pentito, con un'aria che rimetteva la voglia di ridere. Le due nipoti lo guardavano con una ammirazione ingenua; quasi rapite.

Modesta si alzò, andò dietro alla sua sedia; e, prendendogli la testa, lo baciò. Egli si strofinò con il tovagliolo dov'era stato baciato; e, allontanandola con una spinta, disse:

— Queste confidenze non le devi prendere. O che non puoi ritenerti?

VI

Chiarina e Lola, crescendo, si volevano sempre più bene.

Tutte e due bruttine, nàchere e tracagnotte, troppo grasse; e si assomigliavano. Chiarina la maggiore. Vestivano alla buona, cucendo da sé; e di grazioso non avevano niente. Si parlavano sempre sottovoce, anche se erano sole; perché credevano che avessero da dirsi cose troppo insulse; da nascondere. Quando la zia le sorprendeva a parlarsi, facevano una risatina; e, con gli occhi, si raccomandavano di non confessare. Ma nascondevano soltanto il loro pudore e la loro innocenza. E si promettevano sempre di non parlarsi più a quel modo; quantunque, specie certi giorni, la loro amicizia avesse bisogno di sottrarsi a chiunque. Erano contente di pensare a cose eguali; e avevano fatto proponimento, giurando, di essere sempre così; non desiderando un'altra fortuna migliore.

A tutte e due piacevano le passeggiate in campagna. E la zia, sebbene non più di due volte la settimana, le portava fuori di città, per una strada solitaria e quieta.

Dovevano passare davanti alla loro Scuola Normale; e allora davano un'occhiata dentro la porta; per vedere se ci fosse la direttrice a salutare qualcuna del convitto, che i parenti erano andati a prendere. Dando quell'occhiata, sghignazzavano e camminavano più leste; arrivando a Porta Tufi quando la zia stava ancora a metà della scesa.

Si voltavano, tenendosi a braccetto, per guardare il muraglione, a mattoni, del giardino della scuola; in cima al quale s'attacca una pianta d'edera; sbrandellandosi. Di fronte, un muro più basso fatica a reggere un campo; che quasi strabocca. Sopra l'arco della Porta, di fuori, una meridiana vecchia e stinta; senza il ferro. Un arco più alto, fatto di pietre grigie; chiuso quando riadattarono l'entrata. Da ambedue le parti, congiunte alla Porta, cominciano due muraglie; d'un rosso scuro, con qualche chiazza giallastra; e, dietro a quelle, viti e olivi. Non c'era mai nessun rumore; ed elle facevano un passo più nel mezzo della strada quando all'improvviso sentivano il fruscìo di una scala messa da qualche contadino tra i rami di un fico. Una delle muraglie, dopo un cancello di legno, coperto sotto un piccolo tetto a doppio pendìo, termina a un caseggiato d'un rosso cupo, con le finestre anguste, fino al Cimitero della Misericordia. Ma le due giovinette, dopo averlo domandato alla zia, prendevano sempre la Strada del Mandorlo. E allora, tra gli olivi, dietro un muricciolo basso, sul quale ci si può anche mettere seduti si ricomincia a vedere Siena.

Quando Chiarina e Lola si soffermarono lì, ad aspettare la zia, il cielo era tutto cinereo, ma chiaro; e il sole faceva doventare abbarbagliante la nebbia dove restava ficcato. La campagna, sotto il Monte Amiata, sempre più sbiadita e uniforme. I contorni dei poggi si attenuavano, quasi sparendo. Anche i cipressi si velavano; meno che quelli vicini. Le mura della cinta cascano dentro la terra gialla, tra l'erba delle grosse greppaie. E Siena strapiomba su un rialzo alto, separata dalla sua cinta che in quel punto è quasi dritta; mentre, verso la Porta San Marco, stramba a saliscendi. Dalle case della città esce fuori soltanto il campanile del Carmine; a punta.

Seguitando la china, sentivano i loro passi risonare; perché la strada si fa più stretta tra i suoi muri sempre più alti. La poggiaia fuori di Porta Romana s'appiana, aprendosi con le sue campagne sparse da per tutto. Più in là, ma come della stessa altezza, i poggi azzurri, dopo una striscia violacea; con le file nere dei cipressi.

Giunsero, quasi senza più parlare, ad una villa

con la facciata scolorita dall'umidità; con una finestra finta e le persiane verdi; con rappezzature fatte a calce, come patacche bianche.

Incontrarono un portalettere sciancato; con la pipa in bocca; volta in giù; con la borsa logora a tracolla ed una fazzolettata di chiocciole in mano.

Chiarina e Lola fecero le boccacce. Poi, incontrarono due preti: uno basso, tarpagno; e un altro secco come un nocciolo d'oliva. E alle due sorelle venne da ridere.

Poi, giunsero ad un'altra casa, tenuta su, perché non franasse, con certi rinforzi di mattoni, a pendìo, che arrivavano al tetto. Aveva la facciata gialleggiante di licheni.

Ora, i muri della strada erano tutti storti e piegati; sbilenchi; con rigonfiature che si spaccano come se fossero per sfiancarsi.

Elle si misero a canticchiare; ma, stonando e non andando a tempo, dovevano sempre rifarsi da capo. Non pensavano a niente; e la zia disse loro:

— Non camminate troppo, perché sudate.

Lola chiese:

— Non arriviamo fino alla cappella?

— È troppo lontana; poi, per tornare a dietro, è salita.

— Non t'impaurire. Ti porteremo noi.

Modesta ripensava al contrasto del giorno avanti, con il marito e i cognati. Era stato uno sbaglio di lei che avrebbe potuto finire in litigio. E benché se ne sentisse ancora pentita, era più serena e sicura. Dunque, il suo istinto, questa volta, l'aveva ingannata.

Ma le due sorelle volevano fare la passeggiata più lunga, perché avevano da dirle un gran segreto; volevano anche esserci preparate e vederla disposta bene. Veramente, a parlare, toccava a Chiarina; perché il segreto riguardava lei; ma non ne erano ben certe. In due, si sarebbero fatte coraggio meglio.

Chiarina pregò Lola:

— Diglielo tu. Appunto perché si tratta di me, mi parrebbe d'essere troppo temeraria.

— E, se per caso, mi dovessi fidanzare io, che faresti tu?

— Lo sai: glielo direi io. Mi ci viene da piangere.

— Aspetta a quando torneremo a casa.

— A forza d'aspettare, non glielo diremo mai. Guarda che more grosse e mature.

— Bisognerebbe fare un salto, per arrivarle.

— C'è da bucarsi le mani.

Erano in fondo alla Strada del Mandorlo, alla cappella. Dirimpetto a loro, su un siepone pieno di roghi, c'è una ventina di cipressi; tutti diseguali anche d'altezza. La cappella pare un casotto; con due scalini corti, di pietra, e con un'inferriata arrugginita sopra una finestrucola nella porta. Due statuette, come due fantocci di pietra scortecciata, una di San Bernardino e una di Santa Caterina, in proda al tetto di tegole smosse.

— Ce la diranno mai la messa?

— C'entrerebbe soltanto il prete.

— Sicuro! Scommetto che a sentire la messa restano di fuori; qui dove siamo noi.

Più in là, dove sboccava un'altra strada, c'è una croce di legno; con un gallo colorato in cima; in mezzo a due cipressi. Due donne, accoccolate sul ceppo della croce, si spartivano una grembialata d'uva.

Quand'erano più piccole, Chiarina e Lola dicevano sempre qualche avemaria. Anche ora, si sentivano preoccupate e confuse, quasi sperse; come se la croce proibisse loro di star sole senza la zia.

— Non sarebbe meglio che tu non ti fidanzassi?

Chiarina voltò le spalle alla croce e si discostò:

— Perché me lo dici qui?

— È peccato qui?

— Mi pare.

— Andiamo via subito, allora!

Ma Chiarina stava tra la paura della croce e il suo desiderio; e disse:

— La zia vorrà riposarsi!

— E tu non esagerare, dunque! Se si riposerà, glielo dirò subito. Oggi o mai più!

— Bada che, se le dispiace, la colpa è tua!

— Va bene: la prenderò io.

Modesta giunse, trenfiando. Lola le disse, prendendola a braccetto:

— Zia, Chiarina ha da confessarti una cosa!

— C'è bisogno che tu porti l'ambasciata?

— Da sé non te lo può dire.

— Fate sempre le giuccarelle, come se tu non avessi ormai quindici anni e lei diciassette!

Chiarina, allora, andò di corsa a dare un pugno a Lola.

— Ohi! M'hai fatto male!

— E tu perché non sei stata zitta?

— Ma mi hai fatto male troppo!

— E io voglio sapere quel che avete tra voi! Vi fate sempre le moine!

— Te lo dirà Chiarina da sé! Io non voglio né meno ascoltare.

Ma Chiarina, dopo aver dato il pugno alla sorella, piangeva; sebbene quelle due donne la guardassero.

— Io — disse Modesta ricordandosi un'altra volta del giorno avanti — non voglio arrabbiarmi per voi! Vi fa vergogna! Ormai, siete grandi e grosse, da marito!

Lola chiese, ridendo:

— Da marito?

Modesta, allora, cercò di riflettere se aveva detto una cosa fuori posto. Ma Lola seguitò, doventando però così seria e nervosa che si sentiva tirare tutti i tendini fino alla punta dei piedi:

— Chiarina ti voleva dire questo!

La sorella smise di piangere, e la picchiò su le spalle e su la testa; quanto poteva. Modesta glie la tolse di sotto e le chiese:

— È vero, sì o no?

Lola, per vendicarsi, rispose per la sorella; lagrimando:

— È vero! È vero!

Ma Chiarina, allora, non sapendo come meglio nascondersi, l'abbracciò stretta stretta; con tutta la sua amorevolezza, che la faceva tremare. Lola, pentita d'essersi vendicata a quel modo, la schiacciava a sé, con il desiderio di non lasciarla più.

Modesta, benché quelle due donne, incuriosite, ridessero, prese le nipoti insieme; e le baciò.

E Lola raccontò come un giovanotto, impiegato al Demanio, era riescito a far sapere a Chiarina, dopo averla fatta innamorare, quanto già era lui, che avrebbe domandato in casa di fidanzarsi.

Tornarono a dietro, fuori di sé dalla contentezza. Modesta aveva dovuto promettere a Chiarina di non dire niente, ancora, a nessuno degli zii. Ma ella, la sera stessa, lo fece sapere a Giulio; che, grattandosi vicino alla bocca, rispose:

— Bisognerà informarsi bene chi è lui.

Modesta gli chiese:

— Devo dirlo anche a Niccolò?

— Io direi d'aspettare. Perché Niccolò la piglierebbe in burletta e chi sa come darebbe la baia a Chiarina.

E Chiarina non voleva mettersi né meno a tavola; se non l'avesse persuasa la sorella. Si vergognava; e s'impensieriva senza saper perché, vedendo lo zio Giulio più serio del solito.

La sorella, dopo, le chiese:

— Mi accompagni al pianoforte?

— No, no! Non mi riesce!

— Dio mio! Ma è possibile che tu faccia così?

— Ho un'irrequietezza che mi noia. Avrei bisogno di distrarmi.

— Perciò vieni con me al pianoforte!

— Mi farebbe peggio!

Lola le suggerì:

— Chiudi gli occhi.

— Non mi riesce più.

— Te li chiudo io, con le mani. Ti passa?

Ma Chiarina voleva esser più forte del suo sentimento; e le disse:

— Non è facile, anche per me, capire quel che ho.

— Andremo a letto prima.

— No: voglio stare al buio, con la finestra aperta.
Voglio provare così!

Dalla finestra della loro camera, si vedeva la campagna, tra Porta Ovile e Porta Pispini. Ma era già
troppo buio, e la campagna doventava di un colore
cinerognolo tutto eguale. Soltanto dove cominciava,
il cielo rimaneva come un lungo taglio più chiaro;
che, però, affievoliva. Il vento frusciava nei giardini
e negli orti, a piè delle case; dentro la cinta delle
mura di Siena. Si sentiva chiudere qualche persiana,
sbattendo; e c'era un piccolo eco affilato e rauco, che
ripeteva pazientemente in fondo agli orti quel rumore; come se andasse ad appiattarsi laggiù; dove

gli archi della fonte di Follonica s'interrano fino a mezzo; impiastricciati di muschi, che si sfanno con il tartaro dell'acquiccia. L'erta delle case, silenziosa, morta, non sentiva le foglie di un gran tiglio, sotto la finestra della camera, staccarsi l'una dopo l'altra; senza che potessero smettere più.

Lola era in salotto, a studiare un libro di scuola; e Chiarina si voltò per guardare fisso il Cristo d'ebano e d'avorio, quello della prima comunione, su la parete del letto.

VII

Giulio diede subito importanza a quel che gli aveva detto la cognata. Ma da solo non riesciva a vedere come avrebbe fatto a fingere che la ragazza avesse almeno una dote piccola. Era curioso di conoscere il giovine; e aspettava, da un giorno all'altro, che capitasse in bottega; perché, certamente, avrebbe dovuto prima parlare a lui. Ma, poi, non volle preoccuparsene troppo; perché, convinto che tutto ormai gli dovesse essere contrario, si racchiocciolava e non desiderava più che la sua sfortuna mutasse; e aveva perduto ogni senso di volontà. Però, fu di parere di dirlo ai fratelli: Enrico rispose che non ci credeva e che si trattava molto probabilmente d'una fisima da donnicciole, e Niccolò garantì che non valeva la pena né meno di occuparsene. Allora, Giulio volle impegnarsi da solo a fare per Chiarina quel che avrebbe potuto. Tutto il suo sentimento d'uomo gli dava un piacere d'energia, che si trovava d'accordo con la sua coscienza. E credette, così, di rendersi meno abbandonato a se stesso. Non aveva fatto mai niente che avesse un intento morale, ed ora gliene capitava l'occasione!

Volle riprovarsi a discorrerne più a lungo con Niccolò, e gli disse:

— Tu che sei tanto affezionato, e non lo metto in dubbio, a quelle due bambine, perché ti rifiuti ora di prendere sul serio la possibilità che una abbia trovato da sistemarsi bene?

— Giulio, lo sai! Io di queste bazzecole non me ne intendo punto!

— O perché?

— Perché io, da qui in avanti, più che ci s'avvicina all'abisso, voglio mangiare e bere soltanto!

— Mi pare che l'una cosa non escluda l'altra!

— Ma che dovrei fare?

— Siccome è un impiegato al Demanio, tu che conosci il direttore, dovresti informartene.

Niccolò si mise a ridere:

— Ti pare che io sia proprio adatto?

Poi disse con violenza, alzandosi in piedi e battendosi una mano aperta sul ventre:

— Se è uno che cerca la dote, ha sbagliato! La dote non c'è e non la piglia. Si trovi un'altra fidanzata!

Poi, con una voce, che gli sbatteva insieme con

le sue risate brusche e quasi minacciose, seguitò gridando:

— Ti pare che la sposi senza una dote? Ah, io non ci credo! Sarebbe un bell'imbecille! Sono il primo io a dirglielo! Avete voluto mandare a scuola anche lei, e invece doveva entrare a farsi monaca! L'ho sempre detto! Non mi sento mica un gonzo!

— Ormai, è inutile avere codeste idee.

— E, allora, fate quel che volete. Io resto del mio parere.

E rise, sempre più aspramente.

Mentre rideva, entrò un giovine vestito abbastanza bene; con i baffi rossi e le lenti. Niccolò gli chiese, con un risolino beffardo:

— Vuol qualche libro?

— Volevo parlare a uno di loro. Non so a chi.

— Parli al mio fratello!

E, abbottonatasi la giubba, scappò.

Giulio escì da dietro la scrivania, e il giovine si presentò:

— Sono il ragioniere Bruno Pallini, impiegato da un anno al Demanio di Siena.

Giulio, inchinandosi, gli rispose:

— Mi dica pure quello che vuole.

Il giovine stette un momento zitto.

— Sa... è la prima volta ch'io parlo con lei! Mi scusi! Io desidererei l'onore di fidanzarmi con la signorina Chiarina.

Aveva gli occhi luccicanti, e gli tremavano anche le lenti. Aspettava ansioso che il libraio aprisse bocca.

— Non c'è nulla in contrario, se la mia nipote acconsente: purché lei sia disposto anche se le condizioni... attuali... della ragazza sono piuttosto modeste.

Il giovine, esaltato, disse senza riflettere:

— Ah, non le voglio né meno sapere!

— Allora... la cosa può essere fattibile! Oggi ne parlerò alla sua zia e a lei.

— Quando vuole che torni?

— A comodo suo. Stasera, domattina... Meglio domattina.

Il giovine avrebbe voluto stare con lui più a lungo, ma siccome non trovava niente da dire, sorrise tutto imbarazzato e timido, gli tese la mano; e se ne andò.

Giulio restò fermo, allo stesso posto; facendo girare le lenti fra le dita. Poi, disse:

— E ora?

Ma entrò Costanzo Nisard tutto azzimato e gioioso; con un crisantemo che pareva d'oro; tenendolo insieme con un manoscritto arrotolato.

— Disturbo, forse?

— Anzi, mi fa piacere. C'è stato, mezzo minuto fa, un signore a chiedere la mano d'una mia nipote; di Chiarina.

Il Nisard, a cui piaceva fare i complimenti, esclamò:

— Mi duole di essere arrivato troppo tardi! Lo avrei conosciuto volentieri.

— Pare serio. Dev'essere meridionale; come quasi tutti gli impiegati che mandano qua.

— È ricco?

— Io non gliel'ho chiesto.

Ma il Nisard aveva parlato abbastanza di quell'argomento, e disse:

— Ero venuto per sapere se lei ha un fascicolo del *Burlington Magazine*, dov'è uno studio sul Sassetta del Berenson. Mi scusi se io cerco quel che interessa me.

— Ora, guarderemo se lo troviamo!

— Non ho nessuna fretta.

Ma comparve Niccolò, ghignando; e s'accomodò a sedere senza dire niente.

— Era lui quello che ci domanda di Chiarina — gli disse Giulio.

— Lo sapevo. E perciò me la son battuta.

Allora il Nisard gli chiese scherzando, con la sua voce crepitante come fatta di aghi, con un sorriso che sgrigliolava liscio e pulito come le sue scarpe sempre nuove e sempre lucide:

— E lei è contento?

Niccolò lo ragguardò in viso, ridendo; e ora, il suo riso era tranquillo, ma dileggiante lo stesso. Si calcò il cappello fin sugli occhi, in modo che le sopracciglia toccarono la tesa, e gli rispose:

— Le pare che io pensi agli sposalizii?

Il Nisard, con una voce che pareva donnesca, si raccomandò che non si prendesse gioco anche della nipote. E restò con il sorriso sospeso, aspettando a ricominciarlo quando il libraio gli avesse risposto. Allora rise come se gli facessero il solletico; rannicchiandosi con le spalle; e torcendosi le mani.

— Ma via! È troppo grossa! Soltanto lei dice cose simili!

Giulio, con il suo sorriso che si sottometteva, un sorriso che si mutava subito nella voce, gli disse:

— Non c'è da far caso più di niente con lui!

Ma Niccolò, con un ridere agro, che scherniva:

— Io non me ne intendo!

Poi, chinò la testa, e dopo un poco ronfava.

Il Nisard sfogliò, sul banco, il fascicolo del *Magazine*; batté la punta del bastone su le ginocchia di Niccolò, per salutarlo. Ma Niccolò finse di non destarsi. Quando sentì ch'era escito, fece uno sbadiglio lungo come una ragliata, a più riprese, e disse:

— Non so perché i quadri debbano stare nei musei, e invece non li dànno a me, per venderli! Caro Giulio, senza un quadro di autore vero, saremo sempre miserabili.

Giulio, pensieroso, rispose:

— Lo so! Ma bada se ti riesce a staccarne almeno qualcuno da dove li tengono chiusi a chiave.

— Ecco qui! Siamo costretti a fare l'industria delle antichità false! Come le trecche!

Rise con un suono, che pareva quello di un trombone; e, spalancando la bocca con un altro sbadiglio, continuò:

— Una volta, almeno, si poteva cercare per la campagna! Ora il governo ha fatto inventariare tutto senza pensare al nostro mestiere! Ci ha rovinato tutti!

Poi, con una voce più naturale:

— Dimmi almeno quel che t'ha detto!

— Chi?

— Quel signore, che è venuto a posta per Chiarina!

— Ah, m'era passato di mente!

Niccolò parve preso dall'impazienza:

— Che t'ha detto?

Ma ambedue si volsero verso la porta, sentendo toccare la maniglia: era il cavaliere Nicchioli. Allora, Niccolò richiuse lesto gli occhi.

Il cavaliere disse tutto festoso:

— Ho incontrato il Nisard, e m'ha detto che la vostra Chiarina è per fidanzarsi. Me ne congratulo, quantunque... al mio bambino sia venuta una tossetta... piuttosto cattiva.

Giulio sorrise:

— Sono certo che domani tutta Siena saprà che è venuto un giovine a domandarmi il consenso di...

— Oh, lo sapranno tutti! Si figuri: ho parlato con due miei amici, che sapevano perché ho dovuto cambiare la donna di servizio... che non si prestava... amorevolmente... con il mio bambino.

— È una cosa meravigliosa.

— Siena è fatta così; e nessuno ci cambierà; se Dio vuole! Anch'io, del resto, non vivrei volentieri a Siena se non fosse possibile conoscere quel che si desidera degli altri. Perché non mi piacciono le grandi città? Principalmente, perché io non potrei stare senza conoscere gli altri come me stesso. È una curiosità, che abbiamo nel sangue. E nessuno ce la leva. Anzi, io, le persone che non sono di qui, non ce le vorrei né meno! Che ci fanno? Stiamo bene tra noi; essendo tutti eguali e dello stesso seme. Dorme davvero Niccolò?

La voce del cavaliere pareva malata, un poco saponosa, d'una timidità floscia.

Il libraio gli rispose:

— Credo. Non fa altro!

— Mi dica che giovine è.

— Ancora non ho avuto tempo di chiederlo a nessuno.

— O che aspetta? Vuole che me ne incarichi io? Lo faccio con vero piacere. Mi dia il nome.

Scrisse il nome, e riescì dicendo:

— Tra un'ora... lei saprà con precisione quanti anni ha, di che famiglia è nato, e se è un partito da farsi. Si fidi di me.

Giulio, allora, chiese al fratello:

— Ti sei addormentato da vero?

Niccolò se ne vantò:

— Sognavo perfino!

Dentro la libreria c'era poca luce e dovevano accendere presto il gasse. Nella strada, vedevano passare sempre le stesse persone; e qualcuna si fermava a guardare la vetrina. Allora, Niccolò, che occhiava dal suo cantuccio, cominciò a dire:

— Quello è il pazzo che dovette fuggire da Siena, quando scoprirono che aveva rubato al cugino l'eredità; che non doveva toccare a lui... Una di quelle due signore, la più brutta, è la moglie di un tale che s'è fatto pagare i debiti dal suocero... Ecco la contessa, che al servizio non vuol tenere donne... Oh, ecco la marchesa tradita dal marito con la governante dei figlioli... Lo sai chi è quel prete? È un canonico del Duomo: si dice che abbia per amante la zia di quel signore che l'altro giorno comprò tutti quei libri di chimica... quella è l'amante del barone che va sempre con l'automobile... stai attento: tra poco passa anche lui... Eccolo! Che ti dicevo, Giulio? Lo vedi che è vero?...

E batté le mani dalla compiacenza:

— Scommetto che sono esciti, a quest'ora, per vedersi!... Oh, ecco la governante che tradisce la marchesa! È giovine! Si vede che dev'essere l'amante di lui! Basta guardarla in faccia! Stai sicuro che non ci si sbaglia! Lo vedi che io so tutto? E hai visto come soffre la marchesa?... Bada quella signorina che si tinge sempre!... M'hanno detto che la mantiene quel conte tanto ricco, che ha le tenute a Poggibonsi. Io ci credo! Se no, chi glieli comprerebbe i vestiti a quel modo? E suo padre è contento. Anche questo so. Chi me l'ha detto, la conosce fin da bambina... Come fa schifo quella signora vecchia! Non la posso né meno guardare. Come biascica! Non ha più né meno un dente!... Almeno la baronessa, che va sempre a spasso con gli ufficiali, se li è messi finti. È andata da un dottore americano, che sta a Firenze. Ha speso una somma favolosa!

Ma si turbò, dicendo:

— Ecco questo screanzato.

Era Enrico che zoppicava anche più del solito. Niccolò gli chiese:

— Che vuoi?

— Quel che mi pare.

Giulio lo difese:

— Ha ragione.

— Mi ha detto il Nisard che è venuto quel giovine, per il fidanzamento.

— Lo sai anche tu?

— Se non lo so io? Non è anche mia nipote? Dimmi, piuttosto, le tue impressioni.

— Né buone né cattive.

— Parla bene? Era disinvolto?

— È un gingillino, di pelo rosso, mogio, un poco anemico! Ma decente.

— Io non capisco perché sia capitato proprio lui! Speriamo che sia una buona fortuna. Per l'appunto è il primo e l'unico. Non c'è né meno da scegliere, così!

— E chi è che può imbroccare se si deve dirgli di no o di sì?

— Se sono innamorati, io direi di non rimandarlo via! E, tu, Niccolò, l'hai visto?

Niccolò non gli rispose, e si mise a togliere la polvere di sopra alla cassapanca. Allora, Enrico disse:

— Io, invece di prendere moglie, mi metterei un pietrone al collo e m'affogherei.

— Ma tutti non sono come te!

— Perché non hanno la mia furbizia!

E con la voce, che gli cambiava tono, quando voleva preparare gli altri a udire qualche scappata, proseguì:

— Bel piacere a prender moglie! Allora, anche di me direbbero che ho le corna!

E rise, stridendo come un topo e spruzzolando lontano la saliva.

VIII

Enrico era stato uno di quei ragazzi impertinenti e sfacciati, dei quali si dice che non se ne ricaverà mai nulla. Ma i fratelli, minacciando che lo avrebbero mandato fuori di casa, riescirono a mettergli un poco di giudizio. Egli, però, doventava sempre più intrattabile. In casa ci s'era trovato bene, specie dopo il matrimonio di Niccolò; e così cercava di andare d'accordo più ch'era possibile. Egli, qualche volta, aveva tentato di comandare e d'imporsi agli altri; ma, essendo meno intelligente, specie di Giulio, aveva dovuto sempre sottomettersi. Dentro di sé, è vero, glie ne era rimasta la presunzione; e non avrebbe mai voluto essere né disapprovato e né biasimato. Ma egli aveva la convinzione che i fratelli parlassero male di lui anche con gli altri; e, perciò, si vantava d'essere sempre diffidente.

Ora che s'avvicinava la scadenza di un'altra cambiale, piuttosto grossa, anch'egli sapeva com'era difficile trovare il denaro per scontarla, o almeno, com'erano soliti, per scemarla d'un quinto. Egli disse:

— Giulio, tu che hai fatto sempre bene e con prudenza, bisogna che anche questa volta suggerisca il mezzo di toglierci d'imbarazzo! È proprio indispensabile!

Egli sapeva che non aveva niente da proporgli, e fingeva di aver fiducia in lui.

— Questa volta bisognerà raccomandarsi a Dio!

— Che c'entra Dio? Bada di non scherzare.

Egli, indispettito, piantò il fratello nell'intrigo; pensando con disprezzo che non sarebbe stato capace ad escirne. E incontrato Niccolò nella strada, gli disse:

— Lo sapevo che quel menno lì avrebbe compromesso anche noi!

Niccolò, allora, difese il fratello, e rispose:

— È meglio che tu non me ne parli!

Enrico borbottò le sue solite ingiurie, e andò in una bettola a giocare a briscola. Egli giocava anche dopo cena, fino alla mezzanotte. E disse ai suoi amici:

— È una bella sfortuna avere un micco di fratello, che non capisce niénte.

Gli amici non badavano se aveva ragione o torto; ed egli poteva dirne quante voleva. Perciò, quasi tutte le volte che aveva messo la sua carta, domandava a qualcuno, senza che nessuno gli rispondesse mai:

— Che gli faresti se tu avessi un fratello come il mio? Non sarebbe meglio nascere soli? Non dovrei trovare il modo, magari per mezzo di tribunale, di farmi rispettare?

Alla fine di parecchie partite, toccava a lui scozzare le carte. Ma egli tenne il mazzo chiuso in mano; e disse:

— Voi credete ch'io faccia una bella vita. Non è mica vero! Vi giuro, sul mio onore, che io non ho mai un giorno di bene. Ma come dovrei fare a separarmi dai fratelli? Ormai da tanti anni stiamo insieme, e sono già troppo anziano. Ma Dio mi scortichi se nessuno di voi ci resisterebbe. Non ci credete? Ci resisto io, perché li lascio fare come vogliono, e sono remissivo; anzi, dolce. Fanno di me come se fossi un ragazzo! È sempre stato il mio torto.

Egli aveva un'aria sincera e afflitta come quando si lamentava dei tormenti della gotta.

— Vedete: io vengo qui a giocare e a sorsellare un gocciolo di vino, perché ho bisogno di distrarmi! Non ho altra consolazione. Dalla mattina alla sera, non ho altro svago. Mi si può rimproverare, dunque? E pare, secondo loro, che io sia un essere spregevole; uno che non è buono a niente. Come se fossi incastronito. Ma io l'ho specie con Giulio, che è responsabile di tutti i nostri affari. Non dovrebbe essermi riconoscente se io, di mia volontà, mi son tirato in disparte?

Ma gli amici non volevano ascoltarlo, e gli gridavano che desse le carte.

— No, oggi, non gioco più; perché sono troppo stordito.

Posò le carte, e andò a dire le stesse cose al padrone della bettola; che, per fargli piacere, gli dette ragione. Egli, allora, aggiunse:

— Tutti sanno che io, per esempio, ai teatri non mi ci reco; perché non mi ci diverto; anche alla banda, la domenica, mi annoierei. Faccio qualche passeggiata, sempre solo; e non cerco mai di nessuno.

— Ma con la cognata va d'accordo?

— Perché è merito mio. Io non le rivolgo mai la parola, altro che quando siamo a tavola; per convenienza. E, così, evito qualunque diverbio. E pure non me ne dolgo! Io, anzi, non dico mai male di lei; e mi rimetto sempre a quel che fanno gli altri! E, pure, trovano da ridire anche sul mio carattere e sul mio contegno, che meglio non potrebbe essere.

— Ma Niccolò è tanto allegro! Lo giudico anche simpatico!

— Quando pare a lui! Ma non mica con me! Le giuro che non mi può vedere! Giulio, poi, è un testardo e basta. Non dice mai niente di quello che fa, e pretende che io ne sia contento. Se non ci fosse lui in mezzo, forse con Niccolò mi potrei affiatare. Ci sono io che penso a tutto. La spesa la faccio io, per il mangiare dò l'ordine io... Io, lo so, ho finito con il sacrificarmi e con il doventare ingiusto anche verso me stesso! È la mia disgrazia. Avrei dovuto prendere moglie, e stare per conto mio. Vedrà che, un giorno, dovranno chiudere la libreria e anche la legatoria. Anzi, bisogna che vada a farmi vedere; se no, montano in bestia tutti e due.

Ma il padrone della bettola stava, ora, attento a tre che bestemmiavano per un litro di vino; perché s'erano scordati di portarglielo, e non lo salutò né meno; quantunque si fosse affissato di gusto ad ascoltare quel grumolo di bestemmie.

Enrico non entrò in bottega e si appoggiò, invece, al muro; vicino alla porta. Era deciso a dire le sue ragioni; quantunque, pensandoci meglio, dentro di sé non ne trovasse né meno una. In fondo, riconosceva che aveva forse torto, e che non doveva lagnarsi di niente. E, scontento di sentirsi solo, entrò in bottega; dove doveva esserci il Nisard e anche il Corsali. Egli sapeva che quei due erano piuttosto amici dei suoi fratelli; ma gli era venuto voglia di farseli amici anche lui. E, siccome c'erano appunto tutti e due, cercò di dire subito qualche cosa che attirasse la loro attenzione.

Quand'egli voleva mostrarsi affabile, dava ragione a qualunque cosa che uno dicesse; e, sentendo che il Nisard sosteneva che il Pinturicchio gli piaceva meno del Perugino, egli disse:

— Io sono del suo parere! Bravo! Ci voleva proprio un forestiero a dire la verità.

Ma Niccolò, per deriderlo, gli gridò:

— Tu di che t'intendi?

— Io me ne intendo quanto te e più di te.

Niccolò dette in una di quelle sue risate, che non si dimenticavano più per un giorno intero; e facevano divertire anche a ripensarci dopo un pezzo. Anche il Nisard rise, come un flauto stonato. Giulio gli disse:

— Che ti salta in testa?

Enrico lo guardò con risentimento e gli rispose:

— Lo vedremo chi di noi due ha più cervello! Per cosa molto più seria di questa. Ché questa è una buffonata e basta! Io ti voglio vedere alla prova, da qui a qualche giorno! Non c'è mica molto! Del resto, il Nisard è più competente di voi, e io ho approvato lui.

Giulio doventò pallido e si sentì pieno di dolore.

— Io me ne lavo le mani di tutto: te lo fischio davanti a testimoni. Io e tu sappiamo a quel che voglio alludere.

Il Corsali disse:

— Ho capito! È una delle vostre bazzecole di famiglia! E, per così poco, siete vicini a leticare?

— Tu stai zitto, perché non sai quel che snàcchero. Ma chi mi deve intendere, non è sordo! A buon intenditor, poche parole.

Giulio era anche convulso e non riesciva a rimpiattare niente. Il suo dolore gli faceva girare la testa; e non sentiva più quel che dicevano; benché alzassero tutti la voce.

Niccolò stringeva i pugni nelle tasche della giubba, per nascondere la sua ira.

Il Corsali disse:

— Ho capito! C'è qualche cosa di grosso, che vorrebbe trapelare da sé. Ma, allora, aspettate di essere soli.

Il Nisard, vedendo Giulio così pallido che le chiazze rosse delle guance gli eran doventate livide, si fece serio pur senza capire di che si trattava. Egli, appoggiato alla scrivania, chinò la testa, aspettando che tornasse la giovialità di prima. Il Corsali, credendo di far bene, disse:

— Ormai nella vostra bottega non ci si viene più volentieri! Rizzate sempre qualche chiassata che disturba. Dite quel che avete e non vi adirate l'uno con l'altro.

Il Nisard non se ne andava per non essere maleducato con Giulio. Egli sentiva che aveva ragione lui; ed era irritato d'Enrico; ma non se ne fece accorgere.

Enrico ricominciò, volgendosi a Giulio:

— Perché non dici chiaramente qual'è la ragione della mia arrabbiatura? Se lo dici, a me ormai non importa più nulla.

— Vuoi dare a me la colpa di tutto?

Enrico non s'arrischiò a rispondere. Ma Giulio proseguì:

— La prendo io! Tu che ne pensi, Niccolò? Voglio conoscere anche il tuo sentimento.

Niccolò si storse tutto; e, raccattando il sigaro acceso che gli era caduto di bocca, disse al fratello:

— Io vorrei soffrire come te. Mi pare giusto! Ma tutti non si può soffrire. Uno, soffrendo, piange; e io, invece, rido.

Allora Giulio, avendo bisogno di una parola buona, chiese:

— E di lui che ne pensi?

— Stasera non gli parrà vero di parlarti come deve!

Ma Enrico rimbeccò:

— Sbagliate tutti e due.

Niccolò disse al Nisard:

— Mi faccia la cortesia lei: lo porti fuori di bottega!

Il Nisard si accostò ad Enrico, tirandolo per una spalla:

— Venga con me.

Enrico, quasi lusingato che il Nisard si intromettesse, si fece portare fuori. Da principio, voleva stare zitto; ma, poi, disse:

— Lo vede come mi trattano? Se non c'era lei mi sbattevano la porta in faccia.

Il Nisard non gradiva ascoltare quelle confidenze, e non gli rispondeva. Allora Enrico, sentendosi troppo sotto a lui, gli disse, con uno sgarbo che non riescì a velare:

— Non s'incomodi per me. Io vado nella bettola, dove sono stato dianzi. Là ci sono i miei amici.

Il Nisard voleva sgridarlo, ma torse la bocca e lasciò che facesse il suo comodo. Poi, affrettandosi, tornò nella libreria.

Il Corsali diceva cose sciocche e senza senso; credendo fosse suo dovere a mettere bocca. Né Giulio né Niccolò lo ascoltavano: Niccolò guardava per tutti i versi la cassapanca e la roba che c'era sopra, come se mancasse qualche cosa. Giulio cercava d'inghiottire la sua amarezza; che gli pareva inverosimile. Il Nisard disse con sdegno affettuoso:

— È andato a giocare.

Soltanto il Corsali gli rispose:

— Quello è il suo posto!

Allora il Nisard dette la mano ai due fratelli, si tolse il cappello al sensale; e se la svignò. I tre rimasti non si parlarono più, per parecchio tempo; alla fine si salutarono e basta.

Enrico tornò al tavolino dove i suoi amici giocavano ancora. Ma, essendo incominciata la partita, egli dovette sedersi in disparte. Pensava ai fratelli, e gli pareva di avere agito bene. Ora, finalmente, s'era fatto intendere! Gli pareva di essere stato bravo come a giocare a briscola! E loro non conoscevano né meno le carte! Loro non avevano il coraggio di venire a giocare, come lui! Egli non voleva avere più nessun affetto per Niccolò, comportandosi come se Giulio non esistesse né meno! Stette così fino a buio, su uno sgabello; con una gamba accavalciata sopra l'altra; avvinazzandosi. Ma quando fu in casa, benché avesse giurato che non ce lo avrebbero più visto, domandò premuroso a Modesta:

— Sono venuti i fratelli?

— Stanno già a tavola.

— Ora vengo subito anch'io.

Ed, entrato dov'erano a mangiare, si scusò d'aver fatto più tardi del solito.

IX

Pareva che Giulio escisse da una malattia lunga. Emaciato, con la pelle del viso più floscia, si capiva che era molto abbattuto d'animo.

Il Nisard tornò subito il giorno dopo a trovarli, ma s'avvide che non avevano voglia di burlare. Egli disse:

— Ma! Non bisogna mai stare male più di quanto è necessario!

Niccolò, che sonnecchiava, aprì gli occhi e li richiuse smovendo la lingua come se l'avesse allappata. Sapeva qualche cosa il Nisard, forse? A lui, in quel momento, non glie ne importava. Giulio pensò che doveva subito investigare, ma bastò ch'egli guardasse il Nisard per rassicurarsi. Allora, sfilò un libro dallo scaffale che gli era dietro, lo aprì a una pagina che conosceva e gli fece leggere, tenendo l'indice sotto le parole e scorrendolo: *Fili, sic dicas in omni re: Domine, si tibi placitum fuerit, fiat hoc ita.*

Rimise subito il libro al posto, e chiese:

— Non ha ragione chi ha scritto così?

Il francese voleva contraddirlo, ma restò colpito che il libraio gli avesse fatto leggere l'*Imitazione di Cristo*. Non era delicato né opportuno farne una discussione da passatempo. Però, egli aveva intuito che le cose della libreria dovessero andare di molto male e che ne dovessero apparire presto le conseguenze. E se non gliene dicevano niente, vuol dire che diffidavano anche di lui. Egli si disse, vergognandosi di questa diffidenza: « Ma! Soltanto tra sé sanno quel che accade! » E, perché quel giorno aveva voglia di sentirsi lieto, non si trattenne come il solito.

Niccolò si alzò di scatto dalla sedia, stirandosi e mettendo il petto in fuori. Egli pensava a cose addirittura infantili per aiutare il fratello; ch'era costretto a pregarlo che lo lasciasse fare. Quando si fu stirato, tanto che gli parve di essere molto più alto di quel che era, disse:

— Vendiamo la libreria al primo che capita, e noi faremo un altro mestiere! Io vado a Milano, a Torino, a Roma; e trovo il compratore. Lo porto qua con me; e il rimedio è preso!

E picchiò forte le mani insieme; poi, fece una giravolta; che lasciò i segni del tacco sul pavimento.

— Oh, ma non bisogna perdere tempo!

Giulio scosse la testa; con le mani nelle tasche dei

calzoni e gli occhi fissi su gli sgorbi della cartasuga. I suoi occhi doventavano luminosi e trasparenti; e avevano una tristezza, che avrebbe fatto pietà a chiunque.

Dopo un poco, Niccolò trasse fuori un'altra proposta; anche più seriamente:

— Facciamoci firmare una cambiale dal signor Riccardo Valentini.

— La firmerà la prima volta, ma la seconda no. E, poi, se non ci fossero quelle false e quelle vere del Nicchioli!

— Già! Non ci avevo pensato! Il meglio è dirlo al cavaliere, dunque!

— Potremo andare qualche altro mese, ma poi?

— Bisogna resistere fino all'ultimo.

— Abbiamo fatto già tutto il possibile.

— Seguiteremo.

Giulio aprì il cassetto della scrivania, come se avesse potuto trovarci qualche cosa che gli fosse utile. Toccò tutti i mucchi delle carte che c'erano, e con le unghie volle levare uno spillo restato dentro una commettitura del legno. Poi, si mise a bucarsi la punta delle dita.

— Vogliamo dire tutte le cose, come stanno, al direttore della banca? Ci vado io. E gli chiedo che ci lasci tempo di riparare alla nostra uscita.

— Io mi strabilio come non ti rendi conto che tu farnetichi.

— Vado a rubare, piuttosto! Ma in prigione per le cambiali false, no. M'ammazzo!

Il malessere di Giulio si eccitava anche di più; e finì che egli ebbe più compassione per il fratello che per se stesso. Di Enrico pensò che era un cretino.

Niccolò gridava sempre di più:

— Come! Due uomini non siamo capaci a slegarci da quest'impicci! Faremo ridere tutta Siena! Chi sa quanta gente ci avrà piacere. Ma io me ne strafotto! Basta che non mi vengano sotto il viso! Sarà una festa per parecchi il nostro fallimento.

— Zitto! Non dire questa parola.

Niccolò si volse attorno impaurito, e chiese:

— Non siamo soli?

E, data una stratta alla sedia, la fece rompere. Allora, come un matto, escì di bottega.

Giulio rimise insieme i pezzi della sedia, legandoli con lo spago.

Niccolò andò a casa, quasi correndo. Giù per la scesa di Via del Re ci mancò poco che non sdrucciolasse. Come se fosse ammattito da vero, tremando tutto, baciò le nipoti e disse alla moglie:

— Modesta, non ti affaticare troppo per il mangiare! Non voglio! Anche tu hai ragione di riposarti, qualche volta. Dacci pane, acqua e qualche cipolla cruda. Io non voglio altro!

Modesta si spaventò e si volse a guardare le nipoti.

— Che hai? La febbre! Quando t'è venuta?

Egli entrava da una stanza a un'altra, e riesciva subito. Non capivano quel che volesse.

Egli chiese, sempre senza fermarsi:

— Chiarina, è venuto già il tuo fidanzato?

La ragazza gli rispose, ridendo:

— Viene questa sera.

Lo zio le fece una carezza sotto il mento e girò gli occhi su attorno al soffitto.

— Niccolò, che hai? Mi fai battere il cuore. Io mando a chiamare il medico.

— Il medico? Non ce n'è bisogno. Sono venuto a farvi una visita e a cercare il mio cappello sodo, che mi pareva d'averlo attaccato in questa stanza.

Ma non s'era ancora fermato; e la moglie gli domandò:

— E, ora, dove te ne vai?

Ella e le nipoti gli andavano dietro, di stanza in stanza.

— Voi, piuttosto, che volete da me? O se io volessi vivere solo da qui in avanti? Toh, non mi piace più avere moglie e stare con tutti voi. Siamo troppi!

Modesta, allora, credette che burlasse; e gli disse, facetamente, sebbene non del tutto rassicurata:

— Se mi vuoi lasciare, io ne sono più contenta di te.

Egli rise a singhiozzi, come sforzandocisi. E, rendendosi conto del suo stato d'animo, all'improvviso, lo continuò finché non fu all'uscio: l'aprì, mandò indietro la moglie e saltò giù per le scale. Egli si chiedeva perché gli fosse venuto quell'estro poco serio, mentre in bottega aveva lasciato Giulio solo.

Gli chiese, rientrando:

— Che hai fatto mentre non c'ero?

Giulio gli sorrise:

— T'ho accomodato la sedia e mi son messo a segnare sul registro quel pacco di libri arrivato stamani.

— Che roba è?

— Romanzi, novelle...

— Pappa sciapa per chi non ha niente da pensare. Al macero!

E, messosi a ciancicarsi le unghie, disse:

— Io prenderei quelli che scrivono i libri e con una frusta li farei ballare a suon di lividure.

— Codesti son ghiribizzi!

— O alla cambiale non ci pensi più?

Giulio, che se n'era un poco dimenticato, gli disse:

— Lasciami respirare!

— Ho capito: ci penso più io di te.

— Perché? Che hai fatto? Hai trovato i denari?

— È inutile che tu mi faccia l'ironico.

E sperò che Giulio avesse già rimediato, parendogli più tranquillo. Perciò, lo guardò, aspettando che tenesse a bocca dolce anche lui. Ma Giulio gli disse, accorato:

— Questa volta scivoliamo senza poterci aggrappare a niente! Tu, ancora, non ci vuoi credere!

— Fino ad ora, la fortuna ci ha sempre assistito!

— Ed ora ci ha lasciato.

— Vuol dire che subiremo insieme la stessa sorte: io non sono come Enrico.

— Pensavo, invece, se qualcuno di voi si potesse salvare.

— A quale scopo?

— È vero: se tocca a me, anche voi dovete fare lo stesso.

Ma Niccolò non avrebbe potuto resistere di più alla monotonia di questa tristezza sconsolata. Egli cominciò a muoversi e poi a dimenarsi su la sedia; come quando, d'estate, per chiappare una mosca picchiava e sbatacchiava le mani da per tutto. Giulio se ne accorse e gli disse:

— Vai a fare una bella scorpacciata d'aria! Non è mica necessario che tu stia qui perché ci sto io!

Ma il suo dolore, che doveva sopportare da solo, si fece più vivo; con un'acutezza felina.

Niccolò rispose:

— Ti garantisco che non perderò mai il mio appetito. Se, stasera, avessimo una mezza dozzina di beccacce arrosto, io pulirei anche gli ossi. La soddisfazione di farmi stare male non l'avrà mai nessuno. Alla bottega sarei il primo io a darle fuoco! Perché te la vuoi prendere, Giulio?

— C'è bisogno che tu mi metta coraggio? Io non mi sono mai sentito galantuomo e leale come ora! Mi sembra di non avere più nulla da chiedere;

né agli uomini né a Dio. La mia volontà consiste appunto nel rendermi conto del mio tracollo. È una specie di orgoglio alla rovescia; ma sempre orgoglio. Ho fatto di tutto non per essere un signore, perché non sarebbe stato possibile, ma per mantenerci quel che avevamo avuto da nostro padre. Se non m'è riescito, non è colpa mia. Nondimeno, mi prendo lo stesso la colpa; e voglio morire con più coscienza di quella che avevo due o tre anni fa. Era destinato ch'io dovessi finire male, e non me ne lamento. Qualcuno potrà dire che s'era sbagliato ad avermi stima; e io gli rispondo che ora faccio a meno di qualunque stima. Sono io, proprio io, che gli toglierei qualunque illusione. Nessuno può pretendere da me che io non sia come Dio mi ha messo al mondo. Non ho mai recato, volontariamente, male a nessuno. Ho fatto le firme false, solo perché la mia firma vera non avrebbe contato nulla.

Niccolò, per approvare, fece una specie di grugnito; e disse un'imprecazione con una parola oscena. Ma Giulio si sentiva come morire, desiderando lo stesso di sacrificarsi senza chiedere un limite.

— Nessuno, se sapesse ch'io sono un falsario, mi darebbe la mano. Non me ne importa più!

Gli mancava anche il respiro, e dovette riposarsi. Niccolò gli disse:

— Io solo, che t'ho sentito parlare così, e ti sono fratello, posso apprezzarti. Ma anche di me non te ne deve importare! Sono io che seguo te, se non vuoi che io sparisca alla chetichella. Ora, stiamo zitti perché entra il verro!

Enrico, con la sua collottola dura di lardo e di cotenna, entrò anche più fosco e imbiecato degli altri giorni. Giulio, senza nessun rancore e senza nessuna animosità, gli chiese:

— Che vuoi?

Egli, prima, biascicò senza rispondere; poi, disse:

— Domani è domenica: vogliamo mangiare una spiedonata di tordi? Li ho visti da Cicia, legati a mazzi. Mi son parsi grassi abbastanza.

Niccolò, allora, bofonchiò:

— Io domani non mangio con voi!

— E perché? Dove vai?

Niccolò, con un tono da gradassata, insolente, rispose:

— A Firenze. È tanto tempo che non assaggio più i fagioli cotti in forno; come li fanno i fiorentini. Questi di Siena non sono buoni.

Giulio rispose, ad ambedue, con una voce pacata; che commoveva:

— Domani tu mangerai i fagioli a Firenze, e tu comprerai i tordi da Cicia. Vi manca altro?

X

La domenica, Giulio e il cavaliere Nicchioli fecero un'altra passeggiata. Niccolò era andato a Firenze; e perché non lo dissuadessero, aveva evitato di parlare a solo con i fratelli.

Quando prendeva di queste decisioni, doventava intrattabile; rifiutando di darne qualunque giustificazione. Non riescivano né meno a trovarlo.

Il cavaliere chiese a Giulio:

— Vogliamo andare da Ovile a Pispini?

Il libraio era distratto, e rispose:

— Dove vuole lei. Per me, è lo stesso.

Nell'aria c'era una dolcezza pungente; e le campagne parevano gli avanzi della primavera. Quasi tutti i contadini avevano vendemmiato; e perciò i cancelli su le strade erano aperti; ma portavano ancora le spine.

Siena è come tante strisce dritte di tetti e di fac-

ciate, della stessa altezza; che si alzano invece all'improvviso dove le case vengono più in fuori, pigliando
un poco di poggetto. Ma San Francesco e Provenzano, con spicchi di case in mezzo, da un'altra parte
della città, taglierebbero quelle strisce quasi ad an-
golo retto se in quel punto la pendenza non fosse
più ripida. E le mura della cinta, trattenute dalle
loro torrette smozzicate e vuote, lasciano un gran
spazio libero; venendo fin giù alla strada; come una
corda allentata. Poi, la strada gira troppo sotto la
cinta; e Siena non si vede più. Ma dopo un poco ri-
torna; con le case ammucchiate alla ridossa. E la Torre del Mangia pare che si spenzoli, su alta nel cielo,
dalle mura.

Il cavaliere disse:

— Si volti a vedere com'è bella la nostra Siena!

Ma Giulio non aveva voglia di guardare. Aspettando l'ora dell'appuntamento s'era sempre più per-
suaso che a chiedere al Nicchioli un'altra firma si
sarebbe compromesso; o, per lo meno, gli avrebbe
suggerito un sospetto troppo forte. E, poi, si sentiva con lui di una timidità molle. L'averlo ingan-
nato gli metteva nell'animo il desiderio di compen-
sarlo con una devozione intima e profonda. Ma, stan-
doci insieme, fu tentato; e gli parve possibile che il
cavaliere avrebbe annuito a firmare un'altra volta.
Era, del resto, il mezzo di salvarsi soltanto per altre
poche settimane e basta! Ma quando sentì che gli

parlava con quella sua tenerezza vanitosa e saccente, gli disse:

— Domani avrei bisogno da lei di una gentilezza che m'ha fatto un'altra volta.

— Se posso, volentieri!

Giulio ebbe un gran rivoltolone dentro, e continuò come se fosse fatale non potersi trattenere più:

— Ci fanno comodo altri denari...

Il cavaliere impallidì, e chiese:

— Quanti?

— Un diecimila lire!

— E perché?

— Siamo restati al secco.

Il cavaliere trasecolava e allibiva; e Giulio si accorse che, parlando, aveva dato il tracollo a tutto. Ma gli pareva già da un tempo incalcólabile e che fosse possibile rimediare. Stava per dire che non era vero, quando s'accorse che il cavaliere non aveva più nessuna stima di lui. Allora si raccomandò come un ragazzo, cercando di fargli credere che si trattasse quasi di un capriccio, di una necessità non indispensabile; quasi di un lusso. Gli premeva che il Nicchioli non sospettasse, e sorrise. Ma il cavaliere, addirittura di un altro umore, non dette retta a quel sorriso. Che gli era avvenuto? Non alzava più gli occhi e non aveva più voglia di parlare. Questo cambiamento sembrava pieno di conseguenze cattive. Camminava più lesto, come se non potesse stare più con lui. Era adirato? Era finita la loro amicizia? O sarebbe andato a informarsi alla banca?

Ma non indovinò nulla, benché il cavaliere, lasciandolo, gli desse la mano in un modo come per rimproverarlo.

In casa, Giulio trovò Enrico che insegnava a giocare a dama alle nipoti; mentre stava su una poltrona con un piede dentro un senapismo caldo, perché durante la notte aveva avuto un altro attacco di gotta. Modesta, vicino alla finestra, cuciva.

Egli entrò in camera, e ci si chiuse. Sentì che per lui vivere era doventata una cosa del tutto involontaria. Non gli importava più di niente, e le voci di quelli che parlavano nella stanza accanto gli sembrava che si fermassero a una specie d'ostacolo; che non le lasciava passare oltre. Egli, a un certo momento, si voltò perfino per vedere se quell'ostacolo era visibile! Non riesciva né meno ad essere triste e a preoccuparsi: una chiarezza fatale ed inalterata gli faceva conoscere, con un gran guazzabuglio di ricordi e di pensieri, ch'egli non avrebbe potuto cambiare nulla. Sentiva dissolversi ogni cosa e non riesciva più a prendere una decisione. Anzi, gli pareva proibito per sempre che egli potesse trovare una ragione qualunque di quel silenzio cosciente. Se uno avesse parlato di cose allegre, gli avrebbe fatto piacere; e gli sarebbe parso naturale. Pensava volentieri che Niccolò era andato a Firenze per divertirsi; ed egli stesso non credeva più che il giorno dopo c'era la scadenza d'una cambiale. S'allontanava agevolmente dalla realtà; e gli pareva che avrebbe potuto fare a meno di riavvicinarcisi.

S'accorse che non parlavano più; ed Enrico, sporgendo la testa dall'uscio, dopo un bel pezzo, gli chiese:

— Sei stato con il cavaliere?

— Sì: quasi due ore. C'è qualche motivo perché tu me lo domandi?

— Volevo sapere quel che ne pensi, e se gli hai detto niente. Non te ne fidare: è doppio come le cipolle.

— Ma ti pare che io volessi entrare con lui in certi gineprai? Egli aveva tutt'altro per la testa. Non sarebbe stato né meno educazione!

— Allora, hai agito bene.

— Sono venuto al mondo stamattina?

— Lo so. Ma te l'ho chiesto tanto per potermi regolare nel caso che lo incontrassi io.

— Tu farai sempre conto di cadere dalle nuvole, qualunque cosa ti domandi.

— Siamo d'accordo. O perché te ne stai costì solo? Vieni di qua anche tu. Le bambine escono con Modesta.

Giulio rispose come se il fratello cercasse di fargli commettere qualche errore:

— Perché devo muovermi di qui? Ci sto così bene!

— Allora, se credi, fai il tuo comodo.

E, ritirata la testa, chiuse l'uscio. Ma, istantaneamente, Giulio si sentì invadere come da un delirio senza scampo. Chi lo avrebbe trattenuto perché non andasse in mezzo alla cognata e alle nipoti gridando? Come avrebbe potuto fare a non buttarsi a capofitto contro il muro? Chi lo poteva tenere, nella strada, che non corresse per tutta Siena? Bisognava, dunque, che egli si preparasse a commettere chi sa quale stravaganza, che avrebbe fatto effetto a tutti. «Ecco, egli pensava, come un uomo può cambiarsi! È lo stesso di una malattia, che viene quando non ci si pensa né meno! » Ma egli restava a sedere; e nessuno, vedendolo, avrebbe potuto sospettare di niente. Gli seccò che le nipoti andassero a salutarlo e a baciarlo. Pensava: « C'è bisogno di queste smancerie? » E non si rendeva conto che esse avevano fatto sempre così. Poi, pensava: « Tutta la nostra regola di vivere dev'essere intesa in un altro modo. Altrimenti, vuol dire che io, in quarant'anni che ho, non sono mai riuscito ad imbastire attorno a me una cosa che mi possa fare veramente piacere e che risponda ai miei sentimenti. Perché gli altri mi credono eguale a loro? Perché gliel'ho fatto credere io. E perché se io dicessi a loro quel che penso, è certo che ne proverebbero dispiacere e non vorrebbero? Vuol dire che io li ho tanto abituati a me stesso e ad essere così, che io ho perduto ormai qualunque diritto a ricredermi. Ho fatto bene o male? E non potrebbe essere un bene anche per loro se io riescissi a far conoscere quel che penso? Io ho continuato a vivere adattandomi sempre, e costringendo me stesso a una certa regolarità, che mi sembrava giusta ed opportuna. Ora m'accorgo che posso esser vissuto soltanto provvisoriamente, finché un giorno dovesse sopravvenire un fatto decisivo, come quello della cambiale, che farà doventare debole ciò che prima mi sembrava sicuramente forte e scelto bene. E se io non volessi più obbedire a tutto ciò che fa parte anche di me stesso, mi troverei obbligato a non stare più in questa casa e forse ad andarmene chi sa dove. L'impazienza del mio stato d'animo deliberativo dipende soltanto da me; finché io non l'ho manifestato a nessuno. Ma, siccome per eseguire la mia volontà, dovrei necessariamente, in un modo o in un altro, farla conoscere a loro, io non sarei più libero come mi credo; ed io, perciò, mi sono illuso da vero di godere e di soffrire soltanto per un effetto della mia coscienza. La paura che io ho di sbagliare a prendere qualche decisione, l'impossibilità anzi di prenderla, è la causa della mia indifferenza. Non vale, dunque, la pena ch'io soffra; perché non soffro soltanto per me ma anche per gli altri. Io vivo così perché essi vivono insieme con me. »

Allora gli pareva possibile cedere e trasmettere la sua sofferenza a qualcuno di loro; ed egli ritrarsi verso qualche punto, dal quale avrebbe potuto soltanto assistere. Non vide più perché egli avesse dovuto continuare a vivere, e il desiderio della morte gli parve preferibile e necessario. « Essi mi fanno morire, senza ch'io abbia il diritto di rifiutarmi. Anzi non mi preparo né meno a rifiutarmi. E perché? » Ma il perché non lo trovava; e, a forza di pensarci, gli vennero in mente altre cose, che con quella domanda non avevano più nessun legame. Almeno, quand'era giovine, non gli era mai capitato di perdersi in queste possibilità negative, che ora filtravano anche nel suo passato più remoto; in quel passato che credeva invulnerabile. Invece non esisteva nessuna resistenza; e un giorno di disperazione si trovava subito a contatto con la sua giovinezza; che, con una rapidità da far paura, era doventata soltanto una verità del suo sentimento.

Escì di camera con un viso che Enrico gli domandò se si sentisse male.

— Io? Perché? Non sono mai stato come oggi!

Niccolò a Firenze s'era divertito a girare tutto il giorno; senza parlare a nessuno. Egli s'incoraggiava con energia ad essere senza preoccupazioni; e camminava a testa alta, tronfio e rimpettito, come un signore che avesse a fare visite da insuperbire; e, solleticando il suo amor proprio, fossero dicevoli soltanto alle sue ricchezze. La giornata gli parve troppo breve; e soltanto in treno, mentre si riavvicinava a Siena, ebbe qualche dubbio se avesse dovuto stare insieme con Giulio. Ma si portò almeno un centinaio di ragioni, l'una migliore dell'altra; che lo approvarono. « Avrei poco giudizio se io me la prendessi

prima del tempo! Per oggi, è bene ch'io abbia fatto
così. »

Quando il treno arrivò, era vicino a buio; e Niccolò non si sentì nessuna fretta di andare a casa. Lasciò passarsi avanti tutti gli altri scesi alla stazione;
seguiti dai facchini con le valigie in spalla; ed egli
guardava Siena come se la vedesse per la prima volta.
Era tentato, perfino, di domandare quale strada dovesse prendere! Si fermò, con le mani dietro la schiena, a guardare la basilica di San Francesco; già scura
d'ombra.

Dirimpetto, né meno a mezzo chilometro, il pen-
dio d'una collina era invece ancora chiaro; e, tra
essa e la basilica, la vallata che s'allarga in pianura,
non smettendo fino ai monti lontani, era azzurro-
gnola e placida; con anche certi colori di grigio quasi
bianco. Un cipresso, da sopra una sporgenza che non
si vede, pareva sospeso sopra alla pianura. Sotto
San Francesco, le case d'Ovile; sospinte e sdruccio-
late giù per lunghi scarichi.

Niccolò si volse intorno, per vedere se nessuno lo
notava. Desiderava che lo giudicassero pieno di boria e d'alterigia; e, andando a casa, si soffermò a
tutte le botteghe dove erano ghiottonerie e robe da
mangiare. A casa disse giubilando, per vantarsi:

— Come sono stato bene! Una giornata incan-
tevole!

E, poi, fingendo una magnanimità compunta:

— Scommetto che voi vi siete annoiati!

XI

Il Nicchioli non aveva sospettato; ma gli era parso che il libraio volesse troppo approfittarsi di lui; e, perciò, s'era imbroncito. Dopo, però, s'avvide ch'egli avrebbe potuto essere più fermo senza alterarsi. E aveva in mente di spiegarlo al Gambi; disposto magari, in seguito, e dopo aver visto le cose con chiarezza, a non rifiutare il suo aiuto; quando non ci fossero stati veri pericoli. Non poteva darsi pace, anzi, d'essere stato costretto a un diniego così reciso e anche umiliante. Ma la sua stessa albagia buonacciona non gli permetteva né meno di temere che Giulio avesse fatto qualche imbroglio. Egli, intanto, per evitare di chiedergli troppo presto scusa e anche di accondiscendere, pensò che non doveva tornare almeno per un poco di tempo alla libreria; e, il lunedì, sebbene non ce ne avesse bisogno, andò alle sue tenute di Monteriggioni: così, se lo avessero cercato, non lo avrebbero trovato in casa. Bisogna essere buoni, ma fino a un certo punto!

Il lunedì mattina, tutti e tre i fratelli si trovarono nella libreria. Enrico bofonchiava abbacchiato ed immusonito; con gli occhi gonfi e pesti. Cavò l'orologio dal taschino, e disse:

— Oh, a presentare la cambiale, c'è ormai due ore sole!

Niccolò, che stava a capo riverso su la sua sedia, sbattendo i denti insieme, gli fece una sghignazzata rabbiosa e gridò:

— Tu stattene cheto!

Giulio si raccomandò che non si mettessero a imbastire un litigio, perché gli avrebbero fatto perdere di più la testa.

Egli era sempre mite; e restava assorto a almanaccare la via di scampo più prudente. Si teneva il mento con una mano, e non alzava mai gli occhi. Le mani gli s'erano affilate e parevano fatte soltanto di tendini. Niccolò non voleva essere distornato dal guardarlo, aspettando; e preparandogli un risolino. Ma Giulio disse, con una dolcezza rassegnata:

— Farò un'altra firma falsa.

I due fratelli, che s'aspettavano di meglio, restarono zitti; quasi contrariati. Giulio sentì che avevano ragione, e non aggiunse altre parole.

Allora, Enrico disse, con una certa vivacità che credeva approvata da Niccolò:

— Se non trovi un santo più fidato!

— Non abbiamo fatto così le altre volte?

— Ma... sarebbe tempo di smettere.

Niccolò si drizzò e disse a Giulio, andando alla scrivania:

— Dammi quel che ci vuole per comprare la cambiale: ci vado io.

Enrico disse:

— Aspetta! Riflettiamo, prima!

Allora, Giulio rimise i soldi nella ciotola di legno; pigiandoci la punta delle dita sopra. Niccolò sembrava abbonito, quasi contento; come se, anzi, avesse la bramosia di comprare la cambiale. Egli ci teneva a farsi vedere il più sveglio, quasi il più sagace; ma siccome gli altri restavano ancora indecisi, egli spazientito si ributtò su la sedia, spingendola a dietro con tutto il corpo e puntando i piedi in terra. Badò se ci aveva un mezzo sigaro, e poi si mise a cacciarsi le dita nel naso.

Giulio teneva gli occhi bassi, benché fosse voltato dalla parte di Enrico; e sentiva le ciglia chiudersi da sé, su gli occhi. Enrico disse:

— O quel mascalzone del Nicchioli non potrebbe cavarci d'impiccio?

Giulio accennò di no, con la testa.

— Ma bisognerebbe almeno che tu provassi!

Giulio si fece di porpora, e disse:

— Glie ne parlai ieri.

Niccolò, allora, smosse un'altra volta la sedia; che scricchiolò come se si sfondasse. E gridò:

— Le bugie né meno tu me le devi dire.

— Che male ho fatto?

Niccolò riprendeva gagliardia, quasi baldanza. Andò fino alla porta, tornò a dietro; poi fece lo stesso altre due volte.

Enrico gli disse:

— Smetti. Non senti come sventoli?

Egli, allora, si piantò a sedere; e gridò:

— Di qui non mi alzo!

Mentre Giulio stava per dire a Enrico che intanto poteva decidersi lui a comprare la cambiale da qualche tabaccaio, purché non andasse troppo lontano, entrò il Corsali; che aveva voglia di raccontare un pettegolezzo su certi suoi pigionali; uno di quei pettegolezzi che li mettevano di buon umore. Niccolò lo aggredì:

— Che vuoi? Non è giornata, oggi!

— Che ti è accaduto? Io non ne so mica niente!

— Vattene.

— Oh, ma potresti usare modi più garbati!

Niccolò ringhiò, battendo forte i piedi. Giulio gli fece capire, con un cenno della testa, che non potevano dargli retta.

Allora, il Corsali s'arrischiò:

— Se io posso esservi utile...

Enrico disse, come se si rivolgesse ai fratelli:

— Non se ne vuole mica andare! Entra, qua dentro, franco, quasi con brio... e pretende che lo si tratti da persona educata! La colpa è vostra, perché è sempre venuto a trovare voi! Io non l'avrei fatto passare né meno una volta!

Il Corsali, adirato, gli chiese:

— E tu che hai da guaire contro di me? Finché vi ho fatto comodo...

Niccolò rispose:

— A me non fa comodo nessuno. Altro che i signori. E oggi né meno quelli! Vattene, e basta!

— Mi meraviglio di Giulio!

Ma anche Giulio sbuffò; e il Corsali escì, minacciandoli.

Erano tutti e tre fuori di sé dalla collera; ed erano i soli momenti che si volevano veramente bene. Giulio, sicuro che nessuno avrebbe contraddetto, disse ad Enrico:

— Vai a prenderla!

Restati soli, Giulio e Niccolò sentivano l'uno per l'altro una tenerezza che pareva una cosa sola con la loro collera. Anche Giulio, ora, era più spigliato; e, quando venne la cambiale, la stese subito su la scrivania. Scelse una penna che faceva bene, e la provò con l'unghia del pollice; ma, siccome gli tremavano un poco le mani, disse:

— Prima è meglio ch'io mi calmi!

Gli altri due fratelli, appoggiati agli scaffali, gli stavano attorno. Giulio accese una sigaretta; e, fumatala mezza, disse:

— Ora sono in ordine!

Si strinse forte le mani insieme, poi un dito per

volta della destra; tuffò la penna, guardò che non fosse inchiostrata troppo; e, tenendo ferma la cambiale con la sinistra, cominciò la firma. In quel momento si entusiasmava; e, benché si sentisse sempre rimescolare e come un'interruzione nella sua coscienza, non avrebbe potuto fare a meno di finire la firma; quasi protetto e scusato dalla certezza della sua bravura. Egli esaminò la firma, da tutte le parti; e la mostrò ai fratelli; che la trovarono perfetta, confrontandola con una vera del Nicchioli. Ma, fatta la firma, bisognava portare la cambiale. E la titubanza cominciava qui. Per portarla, doveva ragionare presso a poco così: « Ormai è fatta, e sarei ridicolo che me ne pentissi e me ne vergognassi. Se è fatta, vuol dire ch'io devo prendere la cambiale e portarla alla banca. A che cosa servirebbe, se no? Sono doventato un ragazzo che non sa quello che deve lambiccare? » Ma quella mattina non ebbe tempo per queste riflessioni, e né meno per altre più brevi; perché tanto Niccolò che Enrico gli intimarono:

— Non bisogna perdere più tempo! C'è mezz'ora soltanto! Alzati da sedere!

Egli prese la cambiale ed obbedì. Ma, per la strada, sentiva di perdere quella specie di sicurezza; e camminava sempre più a rilento. Avrebbe potuto tornare a dietro o strappare la cambiale? Egli ci pensò, un attimo solo e come a una cosa impossibile. C'erano dinanzi a lui tante vie, ma egli doveva prendere quella della banca. Quando fu su per le scale, pulite ed eleganti, riconobbe l'odore che veniva sempre da quegli uffici. Molta gente scendeva e saliva; egli ne conosceva parecchi e s'affrettava a salutarli. Giunto allo sportello dove accettavano gli sconti, dovette attendere perché c'erano almeno una dozzina di persone. Ma non gli venne mai in mente di andarsene; anzi, ostentava di avere fretta; e consegnò la cambiale all'impiegato, con un sorriso convenzionale; da commerciante conosciuto e accreditato. Poi chiese, scherzando:

— Va bene?

L'impiegato, con un moto della testa, rispose:

— Benissimo!

E buttò la cambiale, insieme con le altre, in una cestina di vimini.

Giulio, scendendo con più allegrezza, pensava: « Anche questa volta il colpo è fatto! » Ma s'accorgeva che la sua allegria era impacciata e malsicura: pareva che egli non avesse forza. Si sentiva, ora, come un convalescente; che comincia a riconoscere le proprie sensazioni e le trova troppo vecchie e usate. E vuole averle più intense. Ma non tardò molto a confessarsi ripreso in mezzo al disordine delle sue preoccupazioni.

In bottega c'era il Nisard, che parlava con quella voce che viene quando ci si trova tra persone in lutto. Egli non capiva che cosa avessero; ma voleva rendersi gradevole e non far pesare quella specie di giocondità corretta, quasi precisa e convenuta, che era della sua indole; pur senza essere costretto a lasciarla per gli altri.

Giulio, con un cenno, fece capire ai fratelli che la cambiale era stata presa; e si mise alla scrivania, un poco impacciato e incuriosito di quel che parlavano. Soffiò meticolosamente la polvere su la scrivania; quasi toccandola con le guance, per piegare la testa e sogguardare da vicino e contro luce. Il Nisard gli piaceva, anche perché gli parlava di pittura antica; e con lui poteva mostrare la sua erudizione di bibliofilo; sempre con un'ironia astuta e bonaria. Possedeva parecchi libri rari; e, facendoli vedere con una compiacenza particolare, li sfogliava come se li accarezzasse. S'intendeva bene di stampe vecchie e le riconosceva subito; sorridendo come una zitellona, con il labbro di sotto che gli pendeva.

Il Nisard capì, con un'occhiata, che anche Giulio era molto differente agli altri giorni; e perché fossero costretti ad ammirare la sua amabilità, sfoggiò, prima di andarsene, qualche parola come egli solo sapeva scegliere in certe circostanze.

Come fu escito, Giulio disse:

— Domani sapremo se la cambiale sarà accettata dalla banca!

Niccolò rispose:

— Ne sono arcisicuro!

Ma Enrico non era del suo parere e scuoteva la testa. Poi s'impennò:

— Se io fossi certo che la respingono, anderei ad

ammazzarli uno per volta! Ladri! Che ci rimettono, loro, a farci questo piacere? Vorrei che si trovassero con l'acqua alla gola come noi!

Niccolò seguitò, per un pezzo, a sostenere che aveva torto.

— Ah, ah, ah! Tu non ne infili né meno una! Anzi sono sicuro, appunto perché tu dici di no, che la cambiale sarà presa! Andrà a vele gonfie! Mi par di vederla, quando la prenderanno in mano quelli che devono decidere! Perdio! Siamo galantuomini, per ora!

Anche Giulio allora si rifece animo; e disse cose strampalate: — Ci penserò tutto il giorno; così, la cambiale doventerà viva come se nel suo posto ci fossi io e potrà parlare da sé!

Enrico chiese:

— O, allora, perché dianzi ci siamo tanto rannuvolati? Se viene il Corsali, quando io non ci sono, ditegli a nome mio che non lo volevo offendere sul serio!

Giulio gli chiese: — E dove hai da andare?

— Vado a giocare due o tre briscole; perché non ne posso fare a meno! Mi parrebbe di non essere più io!

Niccolò era così nervosamente allegro che cominciò a canticchiare sguaiataggini. Giulio lo ascoltava; ma ad un tratto, senza osare di dirlo a lui, sentì come un fendente dal capo ai piedi. Per salvarsi, nascose il viso tra le mani.

XII

Alla banca, un amico del Nicchioli si stupì che egli avesse firmato per i Gambi un'altra cambiale; e pensò di dirglielo.

Il Nicchioli non voleva crederci, e restò così sconvolto ed atterrito delle conseguenze che né meno la moglie riescì a calmarlo. Si spense in lui ogni stima per gli altri; e se si fosse ritrovato, da un giorno a un altro, senza più niente, non avrebbe potuto accasciarsi di più. La moglie gli diceva che, dopo tutto, sessanta o settanta mila lire perdute, se dal fallimento non ci fosse stato da prendere né meno una lira, erano per lui soltanto un anno e forse meno di rendita. Egli le dava ragione, le baciava le mani mentre ella lo accarezzava; ma, dopo un poco, ricominciava a smaniare più di prima; senza sapere se andava la sera stessa a trovare i Gambi o se aspettava il giorno dopo; quando si fosse rimesso e fosse tornato in sé. La moglie non lo fece escire; ed egli la notte non poté mai addormentarsi. Verso la mattina, pianse per più di un'ora, zitto zitto; e poté assopirsi anche perché era sfinito.

Si alzò con il proposito di andare alla libreria, a farsi vedere sdegnato e a trattar male i Gambi; ma, per la strada, la sua furia diminuiva; ed era così debole che sudava. Egli non ebbe animo d'entrare solo; e andò a prendere, in casa, il Corsali; che credeva piuttosto di sognare.

Intanto, i Gambi sapevano che la cambiale era stata non solo respinta, ma anche denunciata. Pareva che già lo sapesse anche tutta Siena; perché molti ne parlavano a voce alta, fermandosi davanti alla libreria; dicendo che si trattava di quasi novantamila lire; e qualcuno assicurava centomila. Enrico era andato a quella bettola, a combinare una partita a carte per la sera; e un suo conoscente gli aveva riso su la faccia. Egli, sgattaiolando, corse ad avvertire i fratelli; facendo loro vedere con che aria la gente si fermava davanti alla libreria. Non c'era più niente da sperare!

Giulio cadde in deliquio; e Niccolò, stringendo la sua testa tra le mani, lo baciava e lo chiamava per nome. Enrico, per non trovarsi a qualche umiliazione brutta, andò a turarsi in casa. E, per essere il primo, disse tutto a Modesta; che cominciò a disperarsi strillando, insieme con le nipoti.

Quando Giulio si riebbe, non pianse; ma aveva

gli occhi di chi ha sparso sempre lagrime. Niccolò non stava fermo, andava per tutti i cantucci della libreria; fremendo, bestemmiando e insultando chiunque gli veniva alla mente. La sua voce sembrava un legno grosso che si stronca; ma c'era sempre una specie di risata, che la rendeva più tagliente e sanguigna.

Quando apparve il Nicchioli seguito dal Corsali, che avrebbe voluto non essere lì, per paura che poi i Gambi si sarebbero rifatti sfogandosi contro di lui, Niccolò si fermò di botto, sbiancando come se dovesse venirgli male; e Giulio cadde un'altra volta in deliquio. Il Nicchioli disse a Niccolò, senz'essere sicuro che egli l'ascoltasse:

— Avrei diritto di dirvi quel che penso e tutto quel che volessi, ma ho compassione di voi!

Niccolò fece un gesto, come per trattenerlo e per accennargli Giulio abbandonato addosso alla scrivania; ma il Nicchioli non volle sentire niente, e rispose:

— Non ce n'è bisogno. Mi aspettavo più coscienza!

Il Corsali, che si teneva a una certa distanza, gli aprì la porta; e, prima di escire anche lui, disse:

— Più tardi tornerò!

Allora a Niccolò venne da ridere; ma a vedere il fratello come un morto s'infuriava; e lo sollevò di peso, accomodandolo su la sedia. Egli pensava: « Ci dovrebbe essere Modesta! Io non lo so assistere! »

Giulio, aprendo gli occhi, disse:

— Che m'è accaduto? Mi son sentito girare la testa. Guarda che le mie lenti non si siano rotte.

Niccolò glie le dette, e gli disse:

— Bisogna che tu sia più forte!

Giulio, tentando di sorridere, chiese:

— Il Nicchioli se n'è andato subito?

— Quasi.

— Che ti ha detto? Volevo parlargli io!

— Non ha detto niente! Se non fosse un imbecille, dovrebbe pagare la cambiale; e anche lui eviterebbe quel che cerca facendoci fallire!

Giulio disse:

— Mi pare di sentirmi male.

Ma Niccolò vide alcune persone ferme dinanzi alla bottega; allora, andò dietro i vetri e fece una risata: le persone, sorprese e vergognose. s'allontanarono.

— Credono che io gliela dia vinta! Altro che fallimenti ci vogliono! Niccolò non si leva di cappello a nessuno! Senti, Giulio, non ti affliggere come·fai. Non ti posso sopportare. Guarda il contegno che tengo io! Guarda: non mi tremano né meno le mani!

E tese il braccio; ma la mano gli tremava così forte che la ritirò subito.

— Che gente! Pare che i soldi li abbiamo presi a loro! Che gliene importa? Non si sapesse, che sono tutti peggio di noi!

Poi, credendo di avere già influito sul fratello, disse:

— Per me, sono contento se mi resta questa cassapanca. Me la faccio mettere in camera, e me la guarderò quanto voglio.

Ma Giulio si sentiva trafitto, e non avrebbe voluto parlare più. Egli, nello stesso tempo, provava una grande dolcezza, quasi una grande contentezza, che gli faceva desiderare sofferenze più acute. Gli pareva d'essere doventato, invece, insensibile; e questo lo deludeva. Non c'era altro, dunque, da inventare acciocché egli fosse costretto a patire quanto aveva sognato? Perché, dunque, viveva? Non era incompatibile che vivesse se i suoi occhi vedevano gli stessi scaffali e suo fratello? Non era immorale se egli, forse tra pochi minuti, doveva parlare, come una volta, a Modesta e alle nipoti? A quale fine sarebbe stato così differente a Enrico e anche a Niccolò? Sapeva da sé quello che ormai era: nessuno glie lo avrebbe potuto dire con più asprezza. Ecco perché le angosce degli altri giorni oggi non tornavano! Ecco perché sentiva una specie di serenità incerta e nebulosa; ma quasi soave; come se i suoi pensieri si purificassero da sé, a contatto di una misericordia. Disse a Niccolò:

— Io invidio quelli che possono credere.

Niccolò, con un'alterezza violenta, chiese:

— A che?

— A Dio.

Niccolò non voleva sentirne parlare, e s'impazientì di più.

— Giulio, oggi tu hai perso la testa! Non ti giudicavo così. Fammi sentire il polso se hai la febbre!

Allora, Giulio disse:

— Ho detto... una cosa qualunque. Piuttosto, ora dovremo andare a casa; e non potremo più nascondere niente.

— Ah, certo! È bene che anche Modesta faccia buon viso alla sventura. Subito ci si deve avvezzare! Ci penso io! Guai a lei se piange! Non ci dormirei né meno insieme. Perdio! Le turo la bocca con le mani. Ci hai il vino in casa?

Ma anche egli, benché il suo istinto fosse sempre forte, si sentiva esasperare; e gli mancava sempre di più l'animo. Ed aveva paura di doversi pentire. Nondimeno, per ora, sembrava capace di qualunque resistenza e anche di qualunque eccesso. Egli, infatti, con le mani dietro la schiena, e il sigaro in bocca, benché non avesse voluto accenderlo, si mise al vetro della porta, fissando in viso tutti quelli che si voltavano; non smettendo se essi non erano i primi. Poi, disse quasi allegro, benché con una certa punta d'agrezza:

— Giulio, fatti vedere anche tu.

— Ma perché dài importanza a queste nànnole? Vieni più in dentro, e lasciali stare quanti sono. Ora chiudiamo, e andiamo a casa. Poi, sentiremo quel che ci dovrà capitare. Verranno a mettere i sigilli alla porta e poi...

— E poi?

— Se io sarò vivo, vedrò.

— E io lo stesso.

Escirono insieme, come non facevano da anni; e insieme non ci sapevano camminare. Giulio affettava di essere indifferente e anche di non dare importanza alla faccenda; mentre Niccolò guardava tutti con un'aria arrogante e sguaiata. In Via del Re, a un certo punto, Giulio disse:

— Senti come puzzano queste stalle! Di qui non ci si dovrebbe mai passare!

Scesi dal Vicolo di San Vigilio, si trovarono al Palazzo Piccolomini: uno dei suoi spigoli pareva rasente alla Torre; come se fosse stata staccata da esso con un taglio. E il Palazzo, di pietra, con le finestre inferriate, fa sempre un'impressione, ch'è addolcita dalle Logge, benché deserte e polverose, chiuse dalla vecchia cancellata.

Niccolò, alzando gli occhi, che ridoventarono furbi e maliziosi, alle finestre, disse:

— Se mi lasciassero entrare dove sono le pergamene! Altro che cambiale!

Ma quando si trattò di girare la chiave nella serratura di casa, egli non ebbe più voglia di scherzare; e il viso gli doventò scuro. Giulio, prima d'aprire, si raccomandò che lasciasse fare a lui; senza montare in furie, anche se Modesta avesse voluto dire qualche

116

cosa; perché, del resto, aveva diritto a non stare zitta. E, sebbene poco rassicurato, aprì.

Allora, come se fosse stata lì ad attenderli, Modesta si avventò al collo del marito e non lo voleva più lasciare; singhiozzando e torcendosi tutta, quasi da cadere insieme con lui. Niccolò, a cui non piaceva quella passione insensata e si asciugava il viso che la donna gli bagnava con le lacrime, disse a Giulio:

— Levamela tu di dosso! Prendila! Io non vorrei farle male a staccarla; da quanto mi stringe!

Ma in quel punto le due nipoti afferrarono Giulio, e con il loro peso lo fecero perfino traballare. Giulio, però, si commosse; e avrebbe desiderato che non lo lasciassero più. Ma disse loro che andassero a prendere la zia e la portassero in salotto. Egli non s'aspettava che sapessero già tutto; e non gli veniva in mente che poteva essere stato Enrico.

Niccolò gli disse:

— Hai visto che sentimento ha quella donna? Non ha detto né meno una parola cattiva!

— Vai da lei!

Niccolò andò in salotto e si mise a sedere accanto alla moglie; ma, a vederlo, faceva ridere, tanto ci stava goffamente e malvolentieri. Egli non le diceva nulla; e quando ella, per affetto, voleva fissarlo negli occhi, egli a poco a poco li girava altrove e fingeva di fare così per distrarsi quanto fosse possibile.

— Perché non mi avete detto la verità prima?

Vedi ch'io ero stata indovina? Non meritavo, allora, che tu fossi stato schietto?

Egli storceva la bocca e chiudeva gli occhi.

— Forse avrei potuto consigliarti.

Allora, Niccolò si scosse e fece l'atto di alzarsi; ma si rilasciò su la sedia.

— Certamente, non avrei permesso che spendessimo tanto!

Egli, risolutamente, si alzò. E le disse, con una specie di autorità canzonatoria:

— Ne parleremo domani.

Giulio, nella sua camera, si sentiva assai più triste che nella libreria; e gli sarebbe stato impossibile rimanerci a lungo. Mangiò un pezzo di pane intinto nel vino, e andò a serrarsi dentro la libreria; a stracciare carte e a preparare i bilanci dei registri. Lavorava in fretta e con una facilità che non aveva sempre avuta. Lavorava come se avesse potuto riparare a qualche cosa; e si sentiva calmo; ma con una di quelle calme che pesano come il piombo e se ne ha paura; perché si sa che esse ci costringeranno a qualche tristizia inaudita.

La sera non mangiò niente, e barcollando si gettò subito sul letto. Dormì con un senso di dolcezza che lo affascinava. Poi, rimpianse di essersi destato: in certi casi non si lascerebbe mai il sonno.

Niccolò tentò di parlare con Enrico, ma gli fu impossibile. Uno diceva una cosa e uno un'altra; e nessun dei due pareva disposto a capire quel che dicevano. Enrico sembrava addirittura idiota, quasi inconsapevole della cambiale. Pareva che soltanto a stento ammettesse che era vero; e, alla fine, disse che anche a parlarne non ne ricavavano nessuna utilità. Egli non aveva né meno aperto la legatoria; e i due o tre operai, saputo del perché, se n'erano andati. Niccolò avrebbe voluto stare con Giulio; ma questi gli aveva detto di no. Allora, pensò di trovare il Nisard; ma non riuscì ad incontrarlo.

Non poteva stare senza discorrere; e, tornato a casa, si mise a fare il chiasso con le nipoti; mentre Modesta, distesa su una greppina, teneva gli orecchi turati con le mani.

Ogni tanto, Enrico si affacciava alla stanza; e tornava via senza dire niente. Egli stava con i gomiti appuntellati al davanzale della finestra, sbadigliando.

A tavola, disse:

— Il peggio sarà che non potremo mangiare come abbiamo fatto fino ad ora! Il resto, poi, non conta niente.

XIII

La mattina, Giulio si disse: « No; non mi lascerò illudere. Ho capito, ormai, che le cose bisogna guardarle in un modo come ancora non sapevo! Se io accettassi di vivere, giacché non mi sento per ora nessun male che mi possa togliere la vita, sarebbe lo stesso io trovassi gusto a farmi martoriare. Ma questo non può essere, per quanto io soffra molto meno. Non può essere mi manchi la forza di fare a me quello che non farei agli altri. Forse, sbaglierò; ma è necessario io faccia la prova della morte. Stanotte, mi pareva già di non avere più a che fare con la mia solita vita, alla quale ho creduto fino ad ora; e non rimpiangevo niente. Non avevo mai sognato così bene! »

Ma la calma della sera innanzi s'era già rivelata per una enfiagione di cose malaticce. Ed egli continuò a pensare, con piacere: « Qualcuno crederà che

io mi uccida buttandomi dalla finestra; un altro
che io vada ad annegarmi. No: così non mi uc-
ciderò. »

Ed escì di casa. La mattina era umida e fresca. Si
fermò a vedere una sciancata; che, aiutandosi con il
bastone e appoggiandosi anche con una mano alla
sporgenza della balaustrata, cercava di salire le scale
della Chiesa di San Martino. Egli non aveva mai visto
un'altra ostinazione così vogliosa e nello stesso tempo un'altra impazienza forse così piena di gioia. Egli
sentiva che quella donnàcchera poteva significare una
cosa, che cercò in vano. E la sua disperazione crebbe.
Il giorno dopo, la legge avrebbe fatto mettere i sigilli alla libreria; ed egli aveva dinanzi a sé soltanto
poche ore, per prendere qualche risoluzione che potesse essere definitiva.

Svoltando per una strada, s'imbatté con il Nisard;
che gli andò incontro mentre il suo viso doventava
rapidamente compunto. Egli disse:

— Ma che disgrazia! Come mi dispiace!

Giulio lo guardò con il viso scomposto, quasi irri-
conoscibile per i sentimenti che ora gli si vedevano.
Poi aggiunse:

— Una cosa inevitabile! Vuole accompagnarmi
un poco? Ero diretto alla libreria; ma se lei non si
vergogna a venire con me, specie per la gente, andremo un poco insieme.

Il Nisard troncò subito la sua titubanza e tornò a
dietro con lui. Presero, come se l'uno volesse far pia-

cere all'altro, per Via delle Terme, dove potevano incontrare meno conoscenti.

Le case alte e strette insieme dànno un senso d'angustia monotona; con i vicoli di Fontebranda come tanti baratri che lasciano vedere, lontana, una collina verde e intramezzata di cipressi neri. In Piazza di San Domenico si fermarono; sicuri che lì non li avrebbe uditi nessuno. C'è un giardinetto mezzo devastato con un abete in mezzo; su cui s'arrampicavano un branco di monelli. La Chiesa è d'un rosso tutto eguale; con le finestre tappate a mattoni e la torre crettata da cima a fondo. Dentro uno spiazzo, tra due mura sporgenti accanto alla torre, su per un arco chiuso che arriva fino al tetto, una striscia d'erba sempre più larga in basso; che va a unirsi con quella del prato.

A Giulio pareva di respirare con una boccata sola tutta l'aria della piazza; ed era come un ragazzo che si trova dinanzi a cose che non può capire, ma vi si attacca lo stesso. Sentiva che poteva parlare con quanta sincerità voleva; una sincerità immensa. Egli, nondimeno, voleva evitare che il Nisard lo mettesse al punto di parlare di se stesso; e insisteva perché mai cadesse il discorso anche su le cambiali false. Il Nisard si meravigliava di questa noncuranza tranquilla; attribuendola, a torto, a poca scrupolosità; quasi a un cinismo che gli pareva spaventevole, e che egli non osava discutere. Perciò, senza volere, assecondava il desiderio del libraio; e, visto che pres-

so a poco poteva parlargli come tutte le altre volte,
lo portò a guardare Siena; dal muricciolo della Fortezza. Gli disse:

— Venga a vedere come, a quest'ora, i colori sono
più belli che la sera. Io me ne sono convinto venendo qui la mattina e il giorno.

Viene subito alla vista un gran rigonfio di case; e,
dentro, la Cattedrale. In Fontebranda, le case invece
si biforcano, lasciando in mezzo uno spazio vuoto.
Stanno come attaccate e schiacciate sotto la Cattedrale; a strapiombo su gli orti e su la campagna. Poi
si abbassano sempre di più fino a sparire, sotto una
balza; e allora si vedono soltanto i loro tetti. Quelle
più grosse reggono le altre; e non è possibile capire
dove siano le vie; perché le case paiono separate
l'una dall'altra da spacchi e da tagli quasi bizzarri,
alla rinfusa; a crocicchi rasenti, contrari, di tutte le
lunghezze e di tutte le specie. E i tetti, in quelle picce
e in quegli arrembamenti, in quelle spezzettature di
ogni forma, sono sempre più rari di mano in mano
che le case si spargono per le chine. La campagna
era d'un'ampiezza, che non finiva mai; e Siena, in
quel silenzio, quasi taciturno ma soave, sembrava
tutta raccolta in se stessa e inaccostabile. Mentre le
cime più lontane, fino alle Cornate di Gerfalco, si
sbandavano e riempivano l'orizzonte sperduto.

Giulio guardò con avidità: non mai, come allora,
aveva amato la sua Siena; e ne fu orgoglioso. Il Nisard gli spiava nel viso l'effetto, e lo riportò via su-

bito perché gli sembrava che fosse troppo forte. Giulio disse:

— Ci sarei stato per sempre!

— Lei è senese, e scommetto che qui non c'era mai venuto.

— È vero: soltanto da ragazzo, ma allora non capivo.

— Ci tornerà, ora, da sé?

— Chi lo sa? Oggi siamo vivi e domani già morti! E, poi, io! Mi ricordo di quand'ero giovine. Bastava che restassi una mezz'ora solo e non avessi niente da fare, perché mi venisse una specie di sospetto che mi faceva paura. Io non ero né meno sicuro di vivere. Il sospetto che avevo non glie lo so spiegare; ma cercherò di farglielo capire. Lei sognando, qualche volta, ha certamente avuto nello stesso istante una sensazione vaga, non si sa se con piacere o con dolore, che le impediva di credere al suo sogno; e avrebbe voluto che fosse stata la realtà, invece. Ma quella sensazione staccava il suo sogno, lo teneva discosto, senza riuscire però a fare di lei stesso e del sogno una cosa sola. Ebbene la realtà — la chiamano realtà — che m'era intorno, mi faceva lo stesso effetto. Io non sapevo se quel che vedevo era un sogno più vasto, continuo, a cui mi ero abituato; e del quale soltanto poche volte avevo coscienza. Per farla capire meglio, imagini che il presente stesso era per me il senso d'una realtà convenzionale.

Ma al Nisard questo parlare non piaceva; e, arricciando il naso, si discostò dal libraio senza dirgli niente. Quegli seguitò:

— Io, questi pochi minuti che sono stato con lei in Fortezza, ho capito come vivevo per tanti anni di seguito. E non vorrei ricominciare da capo. Pare che la nostra memoria sparisca e poi si faccia anche più viva di quel che non ci aspettiamo noi.

Il Nisard storceva la bocca; e, ridacchiando, disse:

— Capisco! Capisco!

Ma egli avrebbe voluto dirgli: « Ero venuto con lei per la curiosità che ho di sapere tutta la storia delle cambiali; e invece lei mi fa di queste divagazioni fuori di luogo; che sembrano sciocchezze d'una mente alterata! » E, per non trovarsi più a disagio, disse che doveva lasciarlo, per tornare a San Domenico; a vedere una tavola di Matteo di Giovanni, ch'egli studiava. Andò in chiesa ridendo e proponendosi di raccontare tutto, perché ridesse anche qualche altro. E, dicendosi troppo credulo e troppo debole ad aver pensato ch'egli doveva consolare un pazzo di quel genere, entrò nella cappella, dov'era attaccata quella tavola; e lo dimenticò subito.

Ma Giulio era restato come ebbro; e aveva una specie di gaudio amaro. Dentro di lui sentiva moversi come una quantità di cose parassite e malvagie; che volevano prendere il sopravvento. I suoi stati di coscienza si erano solidificati l'uno vicino all'altro, ma irriducibilmente; ed egli tentava in vano di metterli d'accordo e di spiegarli con un solo mezzo. Non si sentiva più libero e comprendeva che la coscienza quotidiana si era inspirata non ai suoi sentimenti, sempre mobili, ma a certe invariabilità; alle quali, forse, quei sentimenti si erano sempre attaccati. Ora, anche il desiderio di morire era invariabile. Non gli parve necessario rivedere quelli della sua famiglia; perché credeva che dovesse restare più solo che fosse possibile; come un dovere. Egli, in quel momento, non poteva avere più nessun affetto per loro; e, quando fu alla libreria, ne aprì la porta come se andasse a conoscere la realtà del suo sentimento.

Nella libreria, con gli sportelli chiusi, c'era buio ed egli accese il gasse. Il rumore del gasse, prendendo fuoco, lo fece tremare di spavento. Girò gli occhi attorno, e gli venne voglia di avventarsi a quelle pareti. Loro lo avevano fatto mentire e poi perdere; loro le più forti.

Ad un tratto, sentì bussare: Niccolò, lo chiamava. Doveva rispondere? Non allora. Egli era troppo da più di lui, perché gli permettesse di chiamarlo ancora. Lasciò che egli smettesse di battere le nocche; e, dal cassetto della scrivania, prese una corda forte, con la quale era stato legato un pacco di libri. Egli, allora, non credette più che si sarebbe ammazzato! Perciò salì sopra uno sgabello e provò, ficcandoci il manico del martello dentro, se un gancio alla trave veniva via. Era proprio sicuro che non si sarebbe ammazzato! Ci legò la fune, a nodo scorsoio. Poi, ridiscese dallo sgabello e si mise a guardarla da tutte le parti; sentendo la voglia di sorridere. La guardava scherzando; ma pensò di toglierla perché aveva paura che le avrebbe dato retta, mettendoci il collo dentro. Egli delirando le parlava, perché non lo tentasse. Ma non osava più toccarla. Egli disse: « La lascerò qui per sempre. Perché si veda a che punto mi sono ridotto. » Era ormai come un pazzo; e appuntellò la porta per paura che venisse un branco di gente a buttarla giù. Non dovevano tardare molto. Li sentiva venire, da tutte le parti. Non c'era più modo di resistere: i puntelli saltavano via. Su la cassapanca, tutti quegli oggetti falsamente antichi gli dissero: « Tu sei eguale a noi! È inutile che tu cerchi d'evitarci! » Egli rispose a voce alta: « Aspettate, faccio una firma. » E vide la sua firma falsa saltellare sul pavimento. Si chinò per chiapparla; entrò con la testa sotto gli scaffali: la firma c'era, ma egli non la vedeva più. « Guardate: in mano non ce l'ho! »

Allora, spense la luce. E, al buio, senza rendersi conto che si ammazzava, mise la testa dentro il laccio. Sentendosi stringere, avrebbe voluto gridare; ma non gli riescì.

XIV

Il pretore fece staccare il cadavere e portarlo all'Istituto Anatomico. Ma, dopo due giorni, fu dato il permesso di seppellirlo nel cimitero del Laterino. Enrico e Niccolò lo accompagnarono, dietro la lettiga d'incerato verde; ma erano sospettosi di tutti e desideravano di fare presto, come se temessero di essere arrestati insieme con il morto. C'era soltanto il becchino che li aiutò a collocare il cadavere dentro la cassa. Pochi minuti dopo, venne il cappellano del cimitero; che, messa la stola, benedì con l'aspersorio un altro morto. Era un vecchio prete atticciato, con il viso adusto e le scarpe imbullettate; da contadino.

I due fratelli stavano a capo scoperto e badavano di non mettere i piedi sopra certi fiori già putridi, caduti da qualche ghirlanda: anch'essi avevano macchiato il pavimento della piccola cappella.

Il prete, arrossendo e accennando con il mento la bara del Gambi, chiese:

— Come si è ammazzato?

Niccolò era pieno d'ira. Ma Enrico rispose:

— Con un nodo scorsoio.

Il prete, allora, li salutò; andandosene come se avesse avuto furia, con l'ombrello e il cappello in mano. Egli andava e veniva tra la sua casa e il cimitero; e non aveva mai tempo da perdere.

Era un cielo grigio; quasi giallognolo; con una umidità che bagnava tutto. Anche la cancellata del cimitero sgocciolava giù per le spranghe di ferro; le lapidi si lavavano e la cima dei cipressi restava nascosta nella nebbia; e, benché fossero ormai le dieci, sembrava sempre l'alba. Siena, con un velo addosso che la faceva assomigliare ad una superficie tutta piana e unita, cominciava a schiarirsi allora; lasciando distinguere e riconoscere le case e i loro aggruppamenti; poi anche i loro colori; tutti un poco ceruli però. Finché restò su l'orizzonte un vapore bianco e luccicante.

Niccolò disse:

— Io non mi reggo più in piedi.

— A me dolgono le ginocchia: è la mia gotta reumatica. Ma, ormai, bisogna aspettare.

Il becchino chiamò due compagni; e misero il morto in una fossa. Poi, cominciarono subito a buttarci la terra con le pale. I due fratelli piangevano, tappandosi gli occhi. Sentivano che lì dentro lasciavano e perdevano quel che essi non avevano; ed erano veramente commossi. Giulio s'era preso la responsabilità di tutto, e li aveva salvati. Ma, all'escita del cimitero, Niccolò chiese al fratello:

— Tu passi per la strada più corta per andare a casa?

— O che vuoi ch'io faccia?

— Io, invece, giro da San Marco.

— Perché? Andiamo insieme!

Ma Niccolò, pigliando rasente uno dei muri della strada, affrettò il passo e lo lasciò a dietro. Andò a comprare un sigaro, dove era sicuro non sapevano che tornava dal cimitero e s'affrettò a trovare il Corsali. E in meno di due ore si misero d'accordo: anche lui avrebbe fatto l'agente d'assicurazione; perché appunto bisognava trovare uno che conoscesse bene i paesi del circondario e fosse disposto ad andarci.

Soltanto Modesta aveva da parte qualche centinaio di lire; e, a tavola, Niccolò disse al fratello:

— Io mi son già sistemato da me; e voglio pensare alla moglie e alle bambine. Anche tu, se credi, arrangiati!

— Dammi almeno tempo!

— No, no! Stasera non verrai né meno a dormire; perché non ti ci voglio: non c'è posto. Io e la mia moglie prendiamo una casa più piccola; e tu farai portare via la tua roba.

Si trattava di un estro forse meditato in quei

due giorni, e poi venuto fuori lì per lì. E sarebbe stato inutile fargli capire ch'era troppo repentino.

Modesta, non per cattiveria, trovò giusto quel che disse il marito; ed Enrico tentò invano di cavare qualche cosa da lei; perché Niccolò, che stava alle vedette, le proibì di rispondergli e a lui ripeté che doveva fare come gli aveva detto.

— Non ci doveva essere né meno il bisogno che te lo suggerissi io!

Enrico, senza nessuna idea in capo, gli disse:

— Prestami, almeno, un poco di denaro che mi basti per trovarmi una camera!

Niccolò non gli voleva dare niente; ma Modesta escì dalla stanza dove egli le aveva detto che si chiudesse; e, allungando un braccio, gli porse cento lire.

Enrico le strinse e se ne andò; barellando come un ubriaco.

Al processo, come se si fossero messi d'accordo prima, incolparono Giulio compiangendolo; ed essi furono assolti.

Ma non restava loro più nulla; ed il cavaliere Nicchioli ricavò a pena la metà della cambiale firmata da vero.

Enrico non voleva darsi a niente; e le cento lire, che s'era tenute in tasca invece di pagare la retta della camera, gli bastarono poco più d'una settimana. Egli non poteva fare a meno delle sue abitudini, e andava sempre anche a quella bettola. Là si doleva, e attribuiva a Niccolò la sua miseria. La gotta lo perseguitava e s'era ridotto molto male. Alla fine, si dette a fermare tutti i clienti più ricchi della libreria, chiedendo qualche lira. Essi, dopo le prime volte, fingevano di non vederlo e si scansavano; e, se erano in più d'uno, gli facevano capire che non potevano dargli retta, prima che s'avvicinasse. Ma Enrico era capace d'aspettare e di seguirli, finché, sopraggiungendoli, quando credeva il momento opportuno, li costringeva almeno ad ascoltarlo. Diceva, quasi sempre:

— Niccolò non s'è vergognato a mandarmi via e m'ha tolto tutto quello che avevo. Lo divorerei vivo con il mio odio. A tal carne, tal coltello! Io non posso mettermi a lavorare perché sono impedito dalla gotta. Se non ci credono, guardino che nodi noccioluti m'è venuto alle dita! Faccio pietà! Ora ho anche l'uremia nervosa e intestinale. Bisogna che m'aiutino.

Ma Niccolò, sempre più libero dopo il processo, cominciava a trovarsi discretamente. Gli amici, che gli restavano ancora quasi in ogni paese, dove l'avevano conosciuto quando faceva l'antiquario, non era difficile che lo invitassero a mangiare; ed egli, allora, si compensava delle strettezze in famiglia. Era tornato di buon umore, benché fosse invecchiato a frètta. Egli diceva, picchiandosi il petto:

— Io ho fortuna!

E, a testa ritta, si faceva vedere ancora ben portante e sciolto: qualche volta, si metteva a camminare lesto a posta; con gli occhi più sgarghi di prima.

132

In casa, erano stati afflitti in un'angustia repentina; e pareva che non potessero dimenticare più i tempi di una volta.

Chiarina non aveva perso il fidanzato; ma s'era fatta anche più dimessa; e con Lola non rideva quasi più. Modesta portava sempre, per voto, le candele alla Madonna del Duomo; e tra le nipoti pregava lunghe ore, sotto le fiammelle delle lampade d'argento, con gli occhi intenti all'altare, in mezzo alle pareti coperte dai cuori di tutte le dimensioni e dai gioielli. La Madonna, dietro il vetro lustro e luccicante, si scorgeva a pena; ma l'ambascia infervorava sempre di più quella disgraziata; che, senza la fede, non si sarebbe sentita più né meno un essere umano.

Niccolò non avrebbe voluto che andasse sempre in chiesa, ma non si arrischiava a rimproverarla. Soltanto, continuava a fare il proprio comodo; con quella sua giocondità irascibile e beffarda, che gli traluceva anche dagli occhi. Non aveva altra soddisfazione che di farsi invitare a pranzo; e, poi, tornato a Siena, di raccontarlo a Modesta; che, a biasciare il pane, le pareva meno saporito. Ma ringraziava Dio che Niccolò s'ingegnasse a quel modo; e anche lei, qualche volta, si rinfrancava a vederlo sempre eguale. Nondimeno egli, verso la fine dell'anno, a pena due mesi dopo il suicidio di Giulio, cominciò ad avere certi dolori alla testa che lo lasciavano sbigottito. Contro di essi, non poteva fare niente, e gli andava via la voglia di celiare. Poi, gli venne anche l'insonnia; e il giorno dopo non si sentiva mai capace di prendere il treno. Restava a letto finché, per non avere rimorsi, zoppicando, esciva a rimettere in pari gli affari della Compagnia di Assicurazione. L'insonnia gli lasciava il senso di vivere troppo, quasi il doppio. E, lì a letto, lo assalivano mille tristezze, che lo abbattevano.

— Modesta, che pensi quando io non rido più? È vero che, allora, la casa pare morta? Quando rido, io la scuoto tutta e anche voi state meglio. Peccato ch'io non portassi a casa la mia cassapanca, che avevo nella libreria! Qui a letto, non ci ho niente da guardare. L'avrei messa a una di queste pareti; e avrebbe abbellito la stanza.

Poi si voltava verso la finestra, e diceva:

— Gli occhi mi s'annebbiano: non so perché.

Ma se Modesta gli si metteva attorno, magari per portargli un guanciale di più, egli non voleva a nessun costo. Poi, se Modesta cominciava a lagrimare, egli le rifaceva il verso; e voleva che le nipoti, sentendolo attraverso l'uscio aperto, ridessero.

— Mi dovete obbedire! Volete farmi crepare di lagrime! Vuol dire che non mi sapete voler bene!

Quando ridevano, egli alzava la testa e chiedeva:

— Chi ve l'ha dato il permesso?

E, crucciato, stava ore ed ore senza parlare. Egli sperava di guarire e voleva, a primavera, andare ai bagni caldi; ma peggiorò sempre di più.

Oltre all'insonnia, che gli faceva spavento soltanto a ricordarsene, gli vennero i delirii. Dapprima, non ci fecero caso; credendo che sognasse troppo forte; ma poi, si destavano e lo ascoltavano con terrore. Egli diceva cose lubriche o insensate. Gli pareva sempre che lo avessero chiuso nella libreria e non volessero lasciarlo più. E lo costringevano a dondolare Giulio penzoloni. Anche gli pareva che lo facessero camminare nudo, con le mani e con i piedi. Alla fine faceva una risata che non finiva più; una risata bavosa, che gli bagnava il pizzo. I delirii doventarono più intensi in poche settimane. Quando andavano via, gli restava il dolore alla testa; che era quasi peggio. Ma, durante il giorno, esciva come prima; e non voleva nessuno con sé. Andava per strade solitarie; e se lo incontravano i ragazzi che tornavano di scuola, gli facevano la chiucchiurlaia. Egli non se la prendeva; anzi, se ne vantava; e alla moglie gliene parlava come se fosse andato ad una festa. Allora ella temeva che fosse per perdere la ragione; e voleva farlo visitare. Bastava ch'ella dicesse così, perché ritornasse in sé, strafinefatto; e riprendesse subito il suo solito aspetto. Si capiva, però, ch'era uno sforzo; perché, dopo poco, mentre anche la pelle gli si faceva floscia e pallida, il viso doventava paralizzato, solido, privo di qualsiasi intelligenza.

Una notte, gli venne un delirio così violento che rotolò dal letto. A sedere in terra, tra le sedie rovesciate, egli incominciò a gridare; come non aveva fatto mai. La sua voce, a stratte, si faceva sempre più acuta e più forte; con una rapidità che metteva raccapriccio. Talvolta, invece, era cupa e bassa, quasi piatta; talvolta, scivolava con una ilarità acuminata; una voce senza più parole e senza senso; ma con dolcezze tenere; intonata.

Non riesciva, ormai, più a calmarsi; e per quanto, durante qualche intervallo, egli si ricordasse di quando stava bene e invocasse di guarire, subito dopo la sua bocca restava spalancata e torta. Ed egli si sbatteva giù in terra, fuori di sé. Questo delirio, che fece ammalare Modesta e sconvolse i nervi alle bambine, durò quasi tre ore; senza attenuarsi mai. Finché la voce venne sempre di più a mancargli. Allora, gli cominciò il rantolo, che pareva una risata repressa; gorgogliante nel sangue diacciato dall'apoplessia reumatica.

XV

Enrico, come della cambiale, seppe alla bettola che Niccolò era morto prima dell'alba. Era, ormai, stralinco; con le mani e le gambe gonfie; con la bocca livida; da cui non esciva più nessuna parola che non facesse sentire una cattiveria quasi repugnante. Stava seduto, con un bicchiere di vino davanti. Si grattò i capelli sul collo, pieni di lendini, e disse:

— Comincio a credere che ci sia Dio! È morto prima di me, razza di un cane! Ha fatto di tutto per straziarmi; ma, questa volta, è partito prima lui! Ohè! Avete sentito quel che m'è stato detto? È morto quel farabutto di mio fratello! Ora voglio vedere stesa la sua moglie, quel pezzaccio di carnaccia e di grasso! E io non seguo quello scimunito di Giulio che, appeso al soffitto, scalciava per dare la benedizione con i piedi!

I suoi amici, da un bugigattolo buio e puzzolente,

risero; e risposero, rifacendogli la voce un poco strascicata:

— Quando morirai tu, si piglia tutti la sbornia!
Quel giorno, il nostro oste non ci metterà l'acqua.
Credi di averci molto da campare?

— Che m'importa a me? Se fossi un signore come
prima!

— Un signore non sei stato mai.

— Del resto, una volta, mi portavate tutti rispetto.

Allora, uno gli andò a versare una bottiglia d'acqua dentro il collo, mentre non se l'aspettava; perché
sollevava con una mano la tendina rossa della porta
e teneva gli occhi ai vetri. Sbalzò dallo sgabello,
scuotendosi:

— O non lo sapete che mi potete far morire da
vero, con la gotta come ho io? E non sono mica gua-
rito dell'uremia nervosa e viscerale!

— Che ce ne importa a noi? Dici sempre la stessa
tiritera!

— Io dico quel che ho, e non invento niente!

Ma, visto ch'era inutile arrabbiarsi o protestare,
anche perché non ci avrebbe ricavato nulla, si ributtò
a sedere; e, voltando le spalle a quelli, si mise a discorrere con l'oste che stava con una mano appoggiata allo spigolo dell'uscio e la fronte sopra.

— Stamani il conte, quello che ha più corna che
quattrini, non s'è vergognato di mettermi in mano
mezza lira sola! Gli ho tenuto dietro per tutta Siena,

e gli ho detto che non avevo né meno da mangiare!
Se fossi un signore io, vorrei insegnare a quanti sono.
Mi voglio mettere a vendere le corna dei signori, per
arricchire anch'io.

L'oste gli rispose:

— Sarebbe il mestiere più adatto per te!

Prima l'oste gli dava del lei, poi aveva fatto come
tutti gli altri; ed Enrico aveva detto:

— Sì, sì; a farmi dare del tu mi piace.

Enrico, allora, gli fece una lunga spiegazione:

— Il carretto, come fanno tanti che vanno a prendere le valige alla stazione, io non lo tirerò mai; perché non l'ho mai tirato. Mi dovrei mettere a fare il
fabbro? E la forza dove l'ho? È inutile: quando si
nasce con l'animo di signore, non si perde mai. Ci
vuole altro!

— E a dormire dove vai?

— In una panchina della Lizza, sotto agli abeti.
Ma comincio a starci male, perché è freddo. Con la
malattia che ho, reumatismo e gotta, mi scricchiolano
le ossa e mi vengono certe nevralgie che mi fanno
perdere i sensi. Mi dolgono tutte le ossa, e mi chiap-
pa un malessere indefinibile che non mi lascia addor-
mentare. Non posso stare in nessun modo; e, anche
se avessi una coperta, non potrei adoprarla, perché
addosso non sopporterei nulla. Basta anche toccar-
mi con un dito, per farmi saltare dallo spasimo. Perciò, scendo giù dalla panchina e mi metto a passeg-
giare; anche perché il freddo mi faccia meno male

e non mi sbatta i denti. Passeggio fin quasi a giorno; e, allora, potrei quasi addormentarmi; ma ci sono i giardinieri che mi destano; e così non riposo mai.

— Ma non hai trovato né meno un buco, una spelonca, che so io? dove ficcarti, per essere più riparato? O quando piove?

— Ho dormito, per quasi una settimana, in quelle grotte che sono giù per la strada di Pescaia. Ma ci venivano a fare all'amore; e, poi, la notte, due o tre giovinastri, vagabondi, che la insozzavano da non respirarci più dal puzzo. La mattina, a digiuno, mi sentivo quasi svenire. Alla Lizza, invece, sarebbe un luogo più sicuro e più pulito! Però, vorrei sapere perché ti diverti a sentirmi squadernare queste delizie!

— Hai sempre la stessa boria: non c'è verso di fartela passare. Ora, vattene! Bada se raccapezzi qualche altro soldo! Vattene: se no, il passeggio dei signori finisce.

Enrico si alzò e chiese a quelli dentro il bugigattolo:

— Volete niente da me?

Quelli non risposero. Allora, egli ci si avvicinò.

— Vi ho chiesto se volete niente da me.

Uno gli disse:

— Tieni: piglia questa cicca. Se tu ne avessi parecchie, potresti levarti la fame!

Enrico se la mise in bocca, per biascicarla. Il suo

vestito non ne poteva più e mancavano tutti i bottoni.

Non sapendo come arzigogolare il tempo, andò al cimitero. Ma il guardiano non lo voleva far passare; credendo che volesse portarsi via qualche cosa. Allora egli, risentito, con i suoi denti ancora intatti e bianchi, come quelli di un lupo, che gli si vedevano quand'era arrabbiato e gli s'arricciava la bocca, gli disse:

— Non mi riconosci? Pochi mesi fa son venuto a sotterrare quel mio fratello che si suicidò. Oggi vengo a veder sotterrare quell'altro fratello, che allora era con me.

— Come si chiama?

— Niccolò Gambi.

— È sotterrato. L'hanno portato giù stamani.

— Dove l'hanno messo?

— Nel quadrilatero più vecchio, che ora per ordine del municipio si ributta all'aria. Quasi in fondo. La fossa si riconosce, perché è la più fresca.

— Ho capito: vado!

Ma il guardiano, non rassicurato del tutto, gli disse:

— Aspettami un momento: ti ci porto io. Devo venire da quella parte per preparare un'altra fossa.

Cominciava a pioviscolare, ed era un'acqua così diaccia che faceva venire i brividi. Tutto il vecchio cimitero era stato scavato. Avevano addossato le lapidi al muro di cinta; e le croci erano tutte una catasta accanto a un cippo. I cipressi odoravano; come se la pioggia facesse escire i loro succhi. E gli uccelli saltellavano sul muro di cinta.

Il guardiano, per avvertire ch'era venuto, fischiò al becchino; e disse a Enrico:

— La fossa è quella.

— Sei proprio sicuro?

— Per una settimana almeno, me ne ricordo di tutte e sono sicuro di non sbagliare. Ora che cosa fai?

— Ho voluto vedere qual'è per tornarci con più agio.

Gironzolò un poco attorno alla fossa, fin quasi a metterci un piede sopra; poi, tornò via.

Il guardiano gli tenne gli occhi dietro finché non ebbe ripassato la cancellata. Enrico, allora, si ricordò di come il fratello l'aveva lasciato proprio in quel punto; e sentì stringersi i pugni: non gli pareva che già fosse morto!

Ma non si decideva ad entrare in città. Quella Porta è più stretta delle altre; e ci passano soltanto per andare al cimitero. Egli s'era soffermato, ma siccome la guardia daziaria, dall'apertura del suo casotto di legno, lo spiava per capire quel che voleva fare, entrò.

Alzando gli occhi a sinistra, vide l'Ospizio de' Vecchi Impotenti: ce n'era uno, vestito di nero, con una suora ritta accanto; e stava seduto sul muraglione alto, con il dorso verso la strada. Allora pensò che anch'egli, con la raccomandazione di qualche signore, avrebbe potuto farsi prendere con gli altri lì dentro.

Strascicava una gamba; e, per quel giorno, non aveva trovato ancora né meno da spilluzzicare. Il vecchio stava lassù, tranquillo sotto una pergola; riparato dal vento e dall'acqua. Egli, invece, si sentiva male e non ne poteva più.

Ma a Modesta, che ora campicchiava con le trine e i ricami, pareva di far male a lasciarlo finire in quel modo; senza mai dirgli almeno una parola. Perciò andava quasi ad appostarlo dove indovinava ch'egli potesse passare. E siccome egli tirava di lungo, facendo finta di non averla guardata, ella aspettava un poco, tutta dritta; poi lo raggiungeva. Gli metteva nella mano, ch'egli non apriva subito, qualche lira; e seguitando a camminargli di fianco, perché egli non si voltava né meno allora, gli diceva:

— Perché, almeno, non ti converti a Dio? Anche il povero Niccolò è morto senza potersi confessare; e Giulio s'è ucciso. Forse, stanno male tutti e due; ora. Bisogna pensare alle loro anime.

Enrico faceva il viso cattivo; e si raggomitolava tutto; perch'ella non lo vedesse.

La donna proseguiva:

— Vai a farti aiutare dai canonici del Duomo. Fermali quando escono dal coro, la mattina. Tu non hai da compicciare niente in tutta la giornata!

Ella voleva che chiedesse l'elemosina ai canonici,

perché a poco a poco gli venisse l'idea di entrare in chiesa. Ma Enrico ai preti non voleva ricorrere; e le rispondeva con la voce velata:

— Ora basta! Vattene!

Modesta, prima di lasciarlo, gli chiedeva:

— Hai bisogno che ti lavi qualche fazzoletto, almeno? Vieni in casa nostra, a farti ricucire i calzoni: li hai troppo rotti.

Ma egli tirava di lungo; ed ella tornava a casa con la stessa tristezza, sebbene un poco sdebitata di coscienza.

Enrico non le dava ascolto, perché non voleva che le bambine, vedendolo, si vergognassero di lui.

Quando le scorgeva di lontano, spariva; magari entrando dentro un uscio, finché non fossero passate.

E, se era dentro la bettola, diceva agli amici:

— Quelle sono due angeli. Ho riguardo soltanto dei loro occhi innocenti, che non mi vedano così.

Aveva imparato tutti i luoghi più deserti e più sporchi di Siena. Soltanto a quelli ci si avvicinava sicuro; come quando andava a riposarsi in Via del Sole, sotto le case di Salicotto, e doveva stare attento che i cenci tesi alle finestre, legati alle forcelle di legno e i fili di ferro, non gli sgocciolassero addosso. E, poi, c'era caso che lo colpissero su la testa con qualche scarpa vecchia, attraventata giù, o magari con le bucce di pomodoro quando le donne ripulivano le pentole e i piatti. Buttavano via anche pezzi di vestiti logori; e i suoi occhi ci si fermavano sopra per ore intere.

Alla fine, dopo avere atteso per un altro mese, i primi di febbraio lo presero all'Ospizio di Mendicità. Egli avrebbe voluto rifiutare, perché si vergognava; ma dovette cedere. Era sempre meglio di quando moriva di fame in qualche immondezzaio, e qualche cane randagio, con le costole sottili che tremolavano, andava a raspare nei mucchi della spazzatura e delle putrilagini; e trovava un osso; ed egli, allora, guardava il cane che mangiava, e gli veniva la saliva alla bocca.

Lo misero in un camerone, dove c'era un centinaio di letti e nessuno vuoto. Quando lo fecero lavare e gli dettero un vestito come avevano tutti gli altri, rossiccio e grosso, con un berretto filettato di turchino, si sentì avvilire.

I primi giorni, non poteva fare a meno di guardare fisso quel che gli altri mangiavano; e a lui pareva che la sua parte non bastasse.

Siccome era dei meno vecchi, lo mandarono nell'orto a raccattare le potature restate sotto gli olivi. Poi, con due compagni, a portarle in un piazzale; dove erano le serre dei limoni.

Egli pensava sempre alle nipoti; e avrebbe voluto che le domeniche fossero andate a trovarlo. Ma esse non andavano ancora; perché non sapevano il suo desiderio; e passavano tutte le sere dinanzi all'Ospizio di Mendicità.

Una mattina, mentre raccattava le potature, disse a quelli con lui:,

— Se io muoio presto, vi prego di dire alle mie due nipoti, che verranno a vedermi, che io m'ero messo a lavorare.

Gli altri alzarono gli occhi da terra; e lo guardarono, senza rispondergli. Allora, egli si spiegò:

— Anch'io ho un briciolo di coscienza. E soltanto quelle bambine capiscono che è vero.

I più vecchi si misero ad ascoltarlo; e, per ascoltarlo, non lavoravano. Qualcuno cercò di sorridere e non ci riescì: smosse le labbra, come se ciancicasse. Egli proseguì:

— Sono mesi e mesi che non mi parlano più.

Ed egli pensava, senza osare di dirlo: « Mi porterebbero una boccina di vino ».

Ma egli aveva patito troppo; e, una notte, preso da una nuova crisi di gotta, che gli aveva ormai infettato tutto il sangue, morì senza né meno accorgersene.

La mattina era freddo come il marmo del refettorio.

Lola e Chiarina gli misero due mazzetti di fiori sul letto, uno a destra e uno a sinistra. C'era una sola candela; che, essendo di sego, si piegava per il calore della sua fiamma rossa come se avesse nello stoppino un poco di sangue morticcio.

Esse pregavano inginocchiate, con le mani congiunte vicino ai mazzetti di fiori; e, in mezzo a loro, il morto doventava sempre più buono.

Il giorno dopo, spaccarono il salvadanaio di coccio e fecero comprare da Modesta tre croci eguali; per metterle al Laterino.

SOMMARIO

Finito di stampare nel mese di dicembre 1995
presso il Nuovo Istituto Italiano d'Arti Grafiche
Bergamo

Printed in Italy

BUR
Periodico settimanale: 24 gennaio 1996
Direttore responsabile: Evaldo Violo
Registr. Trib. di Milano n. 68 del 1°-3-74
Spedizione abbonamento postale TR edit.
Aut. N. 51804 del 30-7-46 della Direzione PP.TT. di Milano

LA BUR LIBRERIA
Ultimi volumi pubblicati

L 908. Plutarco, *Vite parallele*
Focione
Introduzione, traduzione e note di Cinzia Bearzot
Catone Uticense
Introduzione di Joseph Geiger
Traduzione e note di Lucia Ghilli
Testo greco a fronte
pp. 542

L 909. Gottfried W. von Leibniz, *Saggi di Teodicea*
Introduzione di Gianfranco Cantelli
pp. 528

L 910. Nikolaj Gogol', *Veglie alla fattoria di Dikan'ka*
Introduzione di Fausto Malcovati
pp. 288

L 911. Platone, *Apologia di Socrate. Critone*
Introduzione, traduzione e note di Maria Michela Sassi
8 illustrazioni
Testo greco a fronte
pp. 226

L 912. Tito Maccio Plauto, *Le tre dracme*
Prefazione di Cesare Questa
Introduzione di Gianna Petrone
Testo latino a fronte
pp. 224

L 1007. Fëdor Dostoevskij, *Le notti bianche*
Introduzione di Erica Klein
Testo russo a fronte
pp. 154

L 1009. Plutarco, *Vite parallele*
Solone
Introduzione di Eberhard Ruschenbusch
Traduzione e note di Giovanna Faranda Villa
Publicola
Introduzione, traduzione e note di Monica Affortunati
Testo greco a fronte
pp. 414

L 1011. Bonaventura da Bagnoregio, *Itinerario della mente verso Dio*
Introduzione, traduzione e note di Massimo Parodi e Marco Rossini
Testo latino a fronte
pp. 210

L 1015. Guy de Maupassant, *Palla di sego*
Introduzione di Giovanni Pacchiano
Testo francese a fronte
pp. 138

L 1016 - L 1017. Arriano, *Anabasi di Alessandro*
Introduzione, traduzione e note di Delfino Ambaglio
Testo greco a fronte
Due volumi in cofanetto
pp. 690

NELLA STESSA COLLANA

ISBN 88-17-15237-4